私には嫌な
習慣がある。
私は真実を
言ってしまう
のだ。

トランプ毒言暴言

桑原晃弥
Kuwabara Teruya

さくら舎

目次

トランプ毒言暴言

私には嫌な習慣がある。
私は真実を言ってしまうのだ。

私には嫌な習慣がある。私は真実を言ってしまうのだ。

トランプに政治家としての資質があるかどうかは別にして、トランプに大衆を引きつける力があるのはたしかである。トランプが登場してテレビでも中継された共和党のディベートの視聴者数は従来の10倍以上であり、フォックスニュースやCNNの視聴者数記録さえ塗《ぬ》り替えたという。

なぜそれほどの注目を集めるのか。トランプによると、政治家の話は「私はどこまで退屈になれるか？」というタイトルの台本を読みあげているようなものであり、政治家のインタビューは、壁に塗ったペンキが乾くまでじっと見ているような退屈さであるのに対し、トランプは自分の信じることをそのまま口に出し、議論を呼びそうな問題に対しても、長々とスピーチでごまかすのではなく、まともに質問に答えるからだという。トランプは言う。

「私には、ほとんどのベテラン政治家にはない嫌な習慣がある。私は真実を言ってしまうのだ」

トランプは過剰なほどに自らがつくりあげた建物のすばらしさを語るところがある。そんなトランプを見て、人は「自慢屋」と揶揄《やゆ》するが、トランプ自身はこう反論している。

「私は事実とつくり話を混同したことはない。私のことを自慢屋だと書く人がいるが、私は自分の言うことに確信を持っているし、言ったことはきちんと守っている」

つくり話でしばらくは世間の期待をあおることはできるが、実際にそれだけのことを実行しなければ大衆からそっぽを向かれることをトランプはよく知っている。だからこそ、話をするときは「はったり」は交《まじ》えても、「つくり話」はせず、「正直に話す」というのがトランプのやり方だ。非難を恐れず、誰にも遠慮せず言いたいことを言う。そのすべてが「真実」とは限らないが、こうした率直さが有権者にはとても新鮮に映っている。

自尊心など糞《くそ》くらえだ。

トランプの特徴は並外《なみはず》れた「競争心」と「勝利へのあくなき執念」だ。選挙戦におけるトランプ得意のセリフはこうだ。

「いつが最後だ、アメリカが何かに勝利したのは？」

トランプの目には最近のアメリカは負け続けている。モノづくりでは日本やドイツに敗れ、中国にも負けている。外交においてもイランとは最悪の交渉を進め、ＩＳ（イスラム国）をはじめとするテロの脅威《きょうい》にさらされ続けてもいる。

本来、「世界最大のスーパーパワー」を持つはずのアメリカがなぜ勝利から遠ざかっているのか。その理由は「口先ばかりで行動しない」政治家や、「政治家にめちゃめちゃにされた」教育システムなどにあるというのがトランプの主張である。

トランプの時代の教育は「世界の繁栄を担《にな》う多才な若者を育てるようにつくられていた」が、今日の教育は「競争を排除した心地よさばかりを気にしている」というのがトランプの怒りの原因だ。トランプはこう主張する。

「我々はもっとタフにならなければならない。自尊心など糞くらえだ。挑戦する子どもをつくらなければならない。一生懸命やらない子どもは落第させるべきだ」

「人生は競争だ」がトランプの基本的な考え方だ。人生は甘くない。安易な道を選んでぬくぬくと生きるのではなく、高い目標や要求を掲《かか》げて挑戦することが何より大切だ。当然、そこには失敗もある。実際、トランプも１００億ドル近い借金を抱えて倒産の危機に瀕《ひん》したこともある。自尊心はぼろぼろになるが、そうした困難を乗り越え、再び立ちあがることで培《つちか》われるのが本物の自尊心だ。

競争は人を傷つけもするが、間違いなく鍛《きた》えてもくれる。他社と競争できないような企業は、経営陣がどんなにナイスガイでも市場から消え去るのみだ。ちっぽけな偽《にせ》物《もの》の自尊心など糞くらえだ。激しい競争によって本物の自尊心を育てなければならないというのがトランプの主張である。

私は歴史的人物と呼ばれるには若すぎるが、そうなる可能性を示唆《し》《さ》するものがある。

トランプが不動産ビジネスで最初の成功をおさめたのは1976年、30歳でニューヨークに完成させたグランドハイアットホテルである。

破綻《はたん》寸前のコモドアホテルを買収、すばらしいホテルにつくり変えただけでなく、荒廃《こうはい》していた周辺の環境まで大きく変えている。

続く大きな事業がトランプタワーである。1983年のことである。

以後、相次いでビッグプロジェクトを成功させたトランプは37歳の頃、こんな言葉を口にしている。

「何もかもさっさとやってのけてしまった。経験豊かな人間がやったとしても一生かかるほどの仕事をやってしまった」

「この7年を振り返って、37歳で私ほどの仕事をした人間はいないはずだ」

成功者の中には「生き急ぐ」かのように猛烈なスピードで仕事をやり続ける人がいるが、トランプもその一人と言える。しかも、スピードを落とすわけではなく、さらに加速したうえで、時に自らの偉業に酔いしれる。倒産の危機から完全復活を遂げていた2003年、トランプ・インターナショナル・ホテル・アンド・タワーについてこう話している。

「私は歴史的人物と呼ばれるには若すぎるが、そうなる可能性を示唆するものがある。このビルもその一つだ」

不動産ビジネスの特徴は「モノが残る」ことにある。トランプはさらに建物に自らの名前を冠することで「トランプ」という名前も残している。あとは選挙に勝ち、その名前を永遠に歴史書に刻《きざ》むだけなのだ。

私は「理論」を語らない唯一の専門家だ。

トヨタ式（トヨタ生産方式）に「診断士」と「治療士」という言い方がある。診断士は生産現場の問題点を巧《たく》みに指摘するが、「ではどうすれば治《なお》せるか」と聞かれると何もできない人間のことだ。これでは現場はよくならない。

現場をよくするためには、診断士ではなく、改善ができる治療士でなければならないというのがトヨタ式の考え方だ。政治の専門家はあらゆる問題への答えを持っているかのごとく振る舞い、用意した答えを淀《よど》みなくしゃべり、有権者を感心させることに長《た》けている。まさしく「政治の専門家」らしい振る舞いだ。

では、その結果はどうなのか？　トランプは政治の専門家が示す解決策は「必要ない」と言い切っている。なぜなら、「それらは一つとして実行されない」からだ。政治家は政治の専門家であり、理論やレトリックには長けているかもしれないが、その多くは話ばかりで何の行動もともなわない「空虚な約束」となる。

一方のトランプはどうかというと、実社会の中で問題を解決し、時に失敗もしたが、そこから復活した実績がある。トランプは言う。

「私は『理論』を語らない唯一の専門家だ。私が語るのは常識と、自分自身が厳しい実社会で学んだ現実だけだ」

現実の社会で求められるのは理論以上に、現実の問題を解決する力である。そしてこれこそが「政治の専門家」になくて、「自分」にあるものだというのがトランプの自信を支えている。

世界に問題は山積みだ。人々が求めるのはたしかに「理論」ではなく、問題が解決される「現実」なのかもしれない。

お役所タイプより、本物の情熱を持った殺人者とつきあうほうがましだ。

取引というのは人と人がするものだ。だからこそ、大きな取引をまとめるためには、相手の人間性や動機、目的などを深く理解しておかなければならない、というのがトランプの考え方だ。

機械相手の取引ならそこに感情の入る余地はない。機械的に何かを査定して、機械的に「イエス」「ノー」を決めるのかもしれないが、相手が人間の場合はその人のことを熟知していること、その人と気持ちが通じていることが重要になる。

ところが、なかにはこうした感情の入らない人もいる。不動産ビジネスの許認可などを出すお役人たちは何事も杓子定規《しゃくしじょうぎ》にやるためトランプにとって時にやりにくい相手となった。あるいは、金融機関の人間の中にもそういう人がいた。

トランプが多額の負債を抱えて苦しんでいたとき、銀行家協会の会合で隣りあわせた銀行員がまさにそうだった。トランプが話しかけても、まるで「石の壁との会話」のようで、「おまえの相手をするつもりはない」という姿勢がはっきりしていた。トランプが「君はみんなを破滅させて、今は私を破滅させようとしている」と言うと、銀行員の答えは「その通りだ」の一言だった。

トランプは過去にもこうした経験を何度もしてきた。たとえ人間が相手でもビジネスは非情なものだ。別の銀行員はトランプが何を言っても無関心で、それは機械のようだったという。機械がいったん「ノー」と言うと、決して変わることはなかった。

トランプはこう感じた。

「感情を持たず5時になったら帰宅したいとしか考えていないお役所タイプより、本物の情熱を持った殺人者とつきあうほうがましだ」

それでもトランプは何とか突破口を見つけ出してやってきたが、ビジネスとはこうした非情さとつきあわなければならないというのもまた事実である。

すばらしい取引とは、あなたが勝つ取引であり、相手が勝つ取引ではない。

取引とか交渉とかいうのは互いに妥協が必要であり、どちらか一方が不利益を被《こうむ》るのではなく、できるなら両者が得をする結果になればいちばんいいと考える人がいる。いわゆる「ウィン―ウィン」の取引だ。

しかし、こうした考え方に対してトランプは「戯言《ざれごと》もいい加減にしてほしい」とはっきり「ノー」を突きつけ、こう話している。

相手を圧倒して勝つ

「すばらしい取引とは、あなたが勝つ取引であり、相手が勝つ取引ではない。あなたは相手をぶっつぶし、自分の利益となるものを持ち帰る必要がある」

若い頃、破綻《はたん》寸前のコモドアホテルを買収、グランドハイアットホテルに再生することにトランプは成功しているが、その際、トランプは税の40年の軽減措置をニューヨーク市に認めさせている。ライバルのホテルの主張は「10年まで」だったにもかかわらず、トランプは「少々行きすぎだ」と言われる主張を展開、要求を飲ませている。記者が「なぜ40年もの軽減措置を受けられたのか」と質問すると、トランプは「50年にしてくれと言わなかったからだ」と完全勝利にもまだ足りないというほどのコメントを返している。

また、1990年代に破産寸前に追いこまれた際も金融機関に「6500万ドルの追加融資」と「5年間の返済猶予《ゆうよ》」というあり得ない条件を飲ませている。トランプはこう言い切った。

「交渉に臨《のぞ》む際、私は完全勝利を目指す。だからこそ、数多くのよい取引を成立させられたのだ」

勝つのなら相手を圧倒して勝たなければならない。大事なのは相手の利益ではなく、自分がどれだけ多くの利益を得られるかなのだ。

情熱を持たずに一生懸命仕事をしているというなら、それは単にエネルギーを浪費しているにすぎない。

人が成功するために最も必要なものは何か。それは「情熱」というのが成功した起業家に共通する考え方だ。

「情熱がたっぷりなければ生き残ることはできない」は、アップル創業者のひとりスティーブ・ジョブズの言葉である。何かを始めて一直線に成功にたどり着くことはほとんどない。たいていの場合、挫折《ざせつ》や失敗といった困難が襲いかかるが、そんなとき、情熱がない人はすぐにあきらめてしまうが、あふれるほどの情熱を持っていると、こだわり続け、がんばり続けることができる。

もし起業を考えながら、情熱を注ぎこめるものがないとすれば、それが見つかるまで皿洗いでもしていたほうがいいというのがジョブズの考え方だった。トランプも情熱こそが人を「不屈」にしてくれると考えていた。

情熱は人を「不屈」にしてくれる。たっぷりの情熱を注げば、同じように情熱を持った人が共感し、想像以上のものをつくりあげることができる。そんな情熱を注ぎこめる仕事をしているからこそ、トランプは夜ベッドに入っても、「早く起きたい、早く仕事に行きたい」と思いはじめて眠気が吹っ飛んでしまうことがあるという。トランプは言う。

「今しようとしていることに、あるいは将来の目標に対して、情熱が持てないなら、何か適当な仕事を探し、のんびりした生活をするべきだ。情熱を持たずに一生懸命仕事をしているというなら、それは単にエネルギーを浪費しているにすぎない」

情熱こそが成功をもたらすカギとなる。情熱を持てない仕事を一生懸命するくらいなら、成功などあきらめて、のんびり過ごしたほうがいいというのがトランプの考え方だ。

最初の一歩で後ろに引いたら、あとは後退するだけだ。

トランプは幼い頃から闘争心の塊《かたまり》のような子どもだったという。トランプはニューヨークのクイーンズ地区に生まれているが、クイーンズ地区は当時から多様な民族の住む、決して治安がいいとは言えない地区だった。

そのせいもあるのだろうか、子ども時代のトランプは「地元でいちばんタフになりたい」と願う、「誰に対しても荒っぽくしゃべり、誰に対しても一歩も引かない」とこ

毒言暴言08 「死ぬのは奴らだ」式に

ろがあったという。そんなトランプを何とかしようと両親はミリタリーアカデミー（軍隊式の私立学校）に入学させている。そこで他者を尊重することや自分を律することは学んだが、それでも「タフな子ども」であることには変わりはなかった。

ある意味、こうした性格は不動産ビジネスには向いていた。政府がトランプと父親の会社などを公民権法違反のかどで訴えたとき、他の企業が妥協したのに対し、トランプは「言いがかり」として法廷での戦いを選んでいる。理由はこうだ。

「僕は折れるよりは戦う。一度でも折れると、たちまち弱気という評判がたつからだ」

子ども時代、スポーツに熱中していたトランプはロッカールームでこう言われたという。

「最初の一歩で後ろに引いたら、あとは後退するだけだ」

トランプは大統領になった場合も同じ姿勢で臨《のぞ》むと話している。外交交渉で終始厳しさを貫《つらぬ》くのはむずかしいとしても、アメリカの持つ強さと原則を考えれば意味もなく下がるとか、撤退することは考えられない。もし引くとしても、その際は「もう結構だ」と言い放って相手の姿勢が変わるのを待てばいい。

最初の一歩で引くこと、それは戦う前から負けを認めているのと同じことだ。自分は絶対に引くことはなく、「死ぬのは奴らだ」というのがトランプの考え方だ。

他人の成功を邪魔することに達成感を感じる連中が世間にはいる。こうした人々を私は人生の敗者と呼ぶ。

成功した人に近づいてくるのは「いい人」ばかりとは限らない。その成功のおこぼれに与《あずか》ろうとする人もいれば、成功者からごっそり利益を奪おうとする人もいる。あるいは、成功さえも台なしにしようともくろんでいる人もいる。

トランプはプロボクシングの元世界チャンピオンのマイク・タイソンなどスポーツ選手からよく相談を受けるという。その経験から感じるのは、「彼らは若いうちに大金を稼ぎ出すものの、引退する頃には財産のほとんどを失っている」ことだという。

なぜそんなことになるのか。成功して、大金を手にした彼らのもとにはマネジャーや会計士、弁護士、代理人、金融アドバイザーなどが近寄ってきて、寄ってたかって搾取《さくしゅ》する。トランプによると、スポーツ選手から金を巻きあげるのは「赤ん坊からキャンディを取りあげるくらいに簡単」だという。

なめた真似をされたり、金を奪い取られたら黙っていてはいけない。なぜなら「ばれても追及されないなら、盗まなければ損だ」と考える連中がうようよいるからだ。成功者には嫉妬《しっと》やねたみ、足をすくおうと狙《ねら》う人間がつきものだ。成功者から盗もうとするし、破滅させようとチャンスをうかがう奴もいる。トランプはこうした人々をこう呼んだ。

「他人の成功を邪魔することに達成感を感じる連中が世間にはいる。こうした人々を私は人生の敗者と呼ぶ。本当に能力があるのなら私と戦ったりせず、もっと建設的なことをしているだろう」

大切なのは「敗者」に足をすくわれないことだ。トランプは言う。

「あなたは彼らに立ち向かい、がむしゃらに反撃する必要がある。誰もあなたを助けてはくれないし、誰もあなたを導いてはくれない。頼れるのは自分だけだ」

成功者であり続けるためには、これほどの強さが必要なのだ。

私は彼らにランボルギーニ一台を提供してやったのに、彼らときたら、どうやってキーを回したらいいかもわからない。

トランプの考え方はビジネスの成功には最高の人材、最高のパートナーが欠かせないというものだ。もし最高の人材がライバル会社にいると知れば、その有能な人材を引き抜き、より高い給料を支払い、ボーナスなどの特権を与えれば、自社の利益を最大化できるし、ライバル会社を弱体化させることもできる。

反対に組む相手を間違えると何が起きるか。トランプ・プラザ・ホテル・アンド・カジノの経営にあたって、トランプはハラーズと組んだが、ハラーズ経営陣が初めて運営を担当した1985年の同カジノの営業利益は約3500万ドルであり、翌年の見込みは3800万ドルだった。

これに不満を持ったトランプは同社との提携を解消した。当然、ハラーズはトランプを訴えたが、トランプは裁判でこんな言葉を口にした。

「私は彼らにランボルギーニ一台を提供してやったのに、彼らときたら、どうやってキーを回したらいいかもわからないのです」

つまり、「能無し」ということだった。トランプは裁判に勝利、自ら経営にあたることにしたが、その年の営業利益はハラーズの見積もりを大きく上回る5800万ドルとなった。

トランプがもう一つ、組む相手を間違えたのはアメリカンフットボールのUSFL（アメフトの独立リーグ）だ。トランプはUSFLをNFL（ナショナル・フットボール・リーグ）並みの第一級のリーグにすることが必要だったが、あいにくUSFLのオーナーの多くは財政的にもビジョンの面でも、それだけのことを考えもしなければ、その力も持っていなかった。結果は失敗だった。トランプは言う。

「人とパートナーを組む場合、相手が弱ければその提携関係も強力にはなりえない」

組むなら最高の人材、最高のパートナーと組む。それ以外は敗北になりやすい。

金持ちになる唯一の方法は、現実に目を向け、下品なほど正直になることなのだ。

トランプは紛《まぎ》れもなく成功した実業家だが、成功をもたらすのは「がむしゃらにやる覚悟」と考える伝統的な成功者でもある。

たしかにテレビや雑誌などを見ていると一夜にして有名になる人が登場する。たとえば、「ユーチューブ」の映像がきっかけで大きなチャンスを手にする人もいれば、一つの賞を手にすることで日本中にその名を知られる人もいる。

しかし、考えてもみてほしい。バレエやバイオリンのコンテストで優勝するような若者が一体、いくつのときから練習に励み、どれほどの努力を重ねてきたのか。オリンピックでメダルを手にするような選手のほとんどは、小学校の頃から一途に競技に打ちこんでいる。インターネットの世界で成功した若者も一つのアイデアを花開かせるために週に80時間、90時間、それも何年も働き続けている。

トランプは言う。

「成功への道が一本道で、頂上までまっすぐ伸びていると思っている人は、まったく現実をわかっていない。一夜にして成功した人などまったくと言っていいほどいない」

成功というものは、長期にわたる奮闘や努力の末に勝ち取るものであり、そこまでやったとしても成功する保証はない、というのが現実だ。トランプは言う。

「金持ちになる唯一の方法は、現実に目を向け、下品なほど正直になることなのだ。雑誌で読んだりテレビで観たりした非現実的な幻想は捨て去ったほうがいい」

投資でも短期間でスターになった人には気をつけたほうがいいと言うほど、トランプは長期にわたる奮闘努力の力を信じている。

物事を妥協から始めてはならない。

トランプがつくった「成功度テスト」というのがある。計15問からなる興味深いテストだが、その第1問は左記の通りだ。

第1問　あなたがこれからの5年間で稼ぎたい金額は？

a．10万ドルから24万9999ドル。

b．25万ドルから49万9999ドル。

c．50万ドルから499万9999ドル。

d．500万ドル以上。

このテストは現実に「いくら稼いでいるか？」「いくら稼げるか？」を聞いているわ

けではない。自由に選ぶことができるものだ。ところが、トランプによると現実には「a」を選ぶ人が多いという。おそらく5年間で割れば2万ドルから5万ドルという現実的な金額になるからだろう。こうした人たちにトランプはこうアドバイスする。

「低い金額を選ぶのは、野心と自信が欠けている証《あかし》だ。物事を妥協から始めてはならない」

オリンピックで銅メダルを獲得したチームスポーツの監督がこんなことを言っていた。

「金メダルを目指して銅メダルになることはあるが、銅メダルを目指してメダルを取れることはない」

人ははるかな高みを目指して必死になって努力をした結果、1位とか2位、3位といった結果を手にすることができる。それよりも低い目標を掲《かか》げて偶然のようにメダルを手にすることはまずあり得ない。日本の若きアスリートも、子ども時代に日本での勝利ではなくウィンブルドンやマスターズ、MLB（米プロ野球メジャーリーグ）といった目標を思い描いたからこそ今がある。

「もし私なら５００万ドルの文字を斜線で消して、５００億ドルと書き直す」というのがトランプの姿勢である。

彼ら（政治家）は「アプレンティス」の挑戦者にも値しない。

トランプの名前は不動産ビジネスの世界では早くから知られていたが、その名前を全国区にしたのは人気テレビ番組「ジ・アプレンティス」の成功によってである。

「アプレンティス」というのは「見習い」という意味であり、最終的に勝ち残ることができればトランプの会社で「本採用」されることになる。番組の参加者はニューヨークを舞台に出される課題にチームで取り組み、勝者と敗者が決まるだけでなく、トランプの「おまえは首だ」という決め台詞《ぜりふ》で脱落者も決まることになる。

かなりの人気番組で２００４年１月に第１シーズンがスタートして以来、２０１２

年の第12シーズンまで放送されている。この番組はトランプにとっても非常に印象深い仕事だったようで、選挙戦に関わる政治家たちをこう切り捨てている。

「彼ら（政治家）は『アプレンティス』の挑戦者にも値しない」

つまりは「プロの政治家」たちは「見習い」以下ということだ。なぜそう言い切るのか。理由はこうだ。

政治家たちの中にはこう言って自分の優秀さを誇《ほこ》る人がいる。

「私は憲法学の教授だ。憲法のエキスパートだ」

「私は上院外交委員会のメンバーを25年間務めた。外交政策の専門家だ」

あるいは、大企業のCEO（最高経営責任者）として、大勢の社員を解雇することで業績を押しあげた者もいるという。

トランプは彼らの政策に耳を傾けた。しかし、予算を通過させることもできず、毎年のように予算の執行停止が起きるのではとびくびくしなければならない国の議会の議員のアドバイスなど何の役にも立ちはしない。社員の雇用を切り捨てることで業績を上げた議員の言う「雇用創出」を誰が信じられるというのだろうか。

議会に対する有権者の不満と、「プロ」とは名ばかりの議員への不満がトランプの支持を広げることになった。

聖書の次に来るとしたら『アート・オブ・ザ・ディール』だろう。

トランプは自らを「敬虔《けいけん》なクリスチャン」であると明言している。子どもの頃から毎週日曜日、教会に通い、聖書のクラスに出席している。ニューヨークではマーブル協同教会のノーマン・ビンセント・ピール師から大きな影響を受けたと話している。それは今も変わることなく、「教会に行き、神を愛し、神と共にあることを愛している」と言う。そして「冗談だ」と断りながらこんなことも言っている。

「聖書は今まで書かれた書物の中で最も重要なものだ。他の本は足元にも及ばない。

毒言暴言14　400万冊以上を売る

その次に来るとしたら『アート・オブ・ザ・ディール』（邦題『トランプ自伝』）だろう」

宗教心の強さを表しつつ、さらりと自慢するというのがトランプ流だ。実際、「聖書の次」かどうかはともかく、トランプはたくさんの本を書き、そしてその多くはベストセラーになっている。

その最初の成功が『アート・オブ・ザ・ディール』であり、こちらは400万冊以上を売り上げ、最も成功したビジネス書の一つとなっている。以降、共著も含めて20冊近い本を出しているが、いずれもよく売れている。トランプは成功した実業家であり、成功した作家でもある。

作家はともかく、宗教へのこだわりが強すぎるととかく問題が起きやすい。カトリック教徒だったジョン・F・ケネディは大統領になった際、「自分はすべての米国人の大統領だ」と宣言することで、さまざまな宗教が存在する米国を率《ひき》いる覚悟を示したが、トランプの場合は「反イスラム」的な言動が多く、危《あや》ぶむ声があるのもたしかである。

もっとも、ビジネス自体は中東でも展開しており、現実に米国を率いることになったときにはひどい偏《かたよ》りは抑えるようにも思えるが、「信仰心は常に私と共にある」と言うトランプにとって宗教とのつきあい方は案外やっかいな課題となるかもしれない。

初めに彼らは無視し、次に嘲笑《あざわら》い、それから戦いを仕掛け、そして私たちが勝利する。

この言葉はインド独立の父と言われるマハトマ・ガンジーの言葉である。ガンジーの原点は弁護士として赴任《ふにん》した南アフリカ（現在の南アフリカ共和国）時代、歩道を歩いていて警官にとがめられたことだ。

当時、インド人は南アフリカでは、歩道を歩くな、外国人登録証を携帯せよ、といった数々の差別を受けており、その理不尽《りふじん》な差別に怒りを覚えたガンジーは警官の目の前で外国人登録証に火をつけている。

やがて権利回復運動を開始、いくつかの約束をとりつけたガンジーは祖国に戻って独立運動を率《ひき》いはじめ、有名な「塩の行進」をスタートさせている。徹底した非暴力、不服従を貫《つらぬ》くことでインドの独立を実現しているが、その運動はこの言葉通りに「無視、嘲笑《ちょうしょう》、戦い、勝利」という経過をたどった。

共和党の選挙戦の山場「スーパーチューズデー」の前日、トランプは大勢の支持者の前で演説する自分の写真をインスタグラムに掲載した際、ガンジーのこの言葉を添えている。トランプとガンジーのどこに接点があるかはともかく、たしかにトランプの選挙戦はガンジーの言葉通りのものだった。

選挙戦に立候補したトランプは、最初は単なる「売名行為」であり、しょせんはすぐに消え去る「泡沫《ほうまつ》候補」と見られ、人々は「無視」した。そしてトランプの公約を聞いて、人々は「嘲笑」した。

ところが、一向に衰《おとろ》えない人気とトランプの本気ぶりに驚いた候補者たちはトランプに一斉に「戦い」を挑《いど》んだものの、最終的にトランプは「勝利」をおさめることになった。もし今日の勝利を見越してガンジーの言葉を添えたとすれば、トランプ恐るべしと言える。

みんなが最初は笑うくらいのものでなければ本物のイノベーションは生まれないというが、トランプにはその可能性がたしかにあるということだ。

私は攻撃されることなど屁《へ》とも思わない。メディアが私を利用するのと同じやり方で、私もメディアを利用する。

トランプは長年、マスコミの寵児《ちょうじ》であり続けている。ただし、その多くはよい評価というよりは悪い評価という珍しいタイプの寵児である。当然、選挙戦のさ中でも敵意むき出しで論争を挑《いど》むジャーナリストや候補者たちが多かったが、それほどの攻撃を浴びながらもトランプは決して動じることはなかったし、支持率も上がり続けたところにトランプの不思議さがある。

トランプには独特のメディア観がある。

「記事になるのは、ヒーローと悪役、成功と失敗だ」

トランプも人間だから、悪い評判よりはよい評判が好ましいとわかってはいるが、ビジネスという観点からは「何も言われないより悪く言われたほうがまし」とも割り切っている。炎上《えんじょう》商法ではないが、「論争の種になると売れる」というのがトランプの考え方だ。

それは選挙戦でも同様だった。トランプによると、ニューヨークタイムズに全面広告を載《の》せると最低10万ドルはかかるが、トランプがおこなった取引や発言について書きたてられるのは1セントのお金もかからず、はるかに大きな広告効果を発揮することになる。トランプはこう言い切っている。

「私は攻撃されることなど屁とも思わない。メディアが私を利用するのと同じやり方で、私もメディアを利用する」

トランプの発言は過激で物議を醸《かも》すことになる。それをメディアが書きたてれば書きたてるほどトランプへの注目は集まり、支持率も上昇することになる。メディアにとってトランプは何とも厄介《やっかい》な存在なのだ。

ニュース番組は「尻尾《しっぽ》つかみゲーム」だけに夢中だ。

トランプはある意味、マスコミを巧《たく》みに利用することで自らのブランド価値を上げてきた経営者だ。そこに書かれる評判はよい評判もあれば悪い評判もあるが、トランプは悪い評判さえも何も書かれないよりはましと割り切ることでマスコミを利用している。トランプは言う。

「マスコミについて私が学んだのは、彼らはいつも記事に飢《う》えており、センセーショナルな話ほど受けるということだ」

書かれることで名前を広め、自らの建物の販売などにつなげていく。言わば、トランプとマスコミは「持ちつ持たれつ」の関係にあったわけだが、大統領選挙だけはさ

毒言暴言17　悪い評判の利用法

すがに度が過ぎたようだ。政治家の物議を醸《かも》す発言がニュースになるとき、しばしば政治家が口にするのは「言葉《ことば》尻《じり》をとらえている」「全体の文脈を無視している」といった反論だ。

自分はいろいろな話をしているのに、マスコミはその中の一部、センセーショナルなところだけを切り取って報道するという批判である。

大統領選への立候補を表明したときトランプは「メキシコは多くの問題のある人々を米国に送りこんでいる。彼らは自国の問題を我々に押しつけている」と発言したが、記事になったのは「メキシコは最悪の人間を米国に送りこんでいる」だ。そこからさらに「すべての移民は犯罪者だ」になったという。トランプは言う。

「メディアは『事実』と『意見』の違いさえわからなくなっている」

「ニュース番組は人々に情報を流すことには興味がなく、相手の言葉尻をとらえるゲーム、『尻尾つかみゲーム』だけに夢中だ」

この発言に「まったくその通り」と言う政治家、有名人は多いのではないだろうか。キャッチーな言葉は切り取りやすい。実業家トランプにとっては悪い評判も「販促のツール」になるが、政治家トランプにとっては時に「命取り」になる。トランプはこの差をどう乗り越えていくのだろうか。

友だち選びは慎重におこなう必要がある。形ばかりの友人とは縁《えん》を切るのだ。

「朱《しゅ》に交われば赤くなる」ではないが、誰とつきあうかは慎重であることが肝心だ。すぐれた人間とつきあえば、自分も少しばかり向上できるが、ひどい人間とつきあうとあっという間に滑《すべ》り落ちるというのがアメリカ的な考え方だ。

トランプは成功を望むなら「でっかく考える人」とつきあうべきと考えていた。人

毒言暴言18 メキシコ移民発言の余波

間は環境の産物であり、成功者たちが集《つど》うクラブや教会、組織などに参加して、アイデアを交換したり、意見を言いあったり、夢や野望を分かちあうことで成功に近づけるというのがトランプの考え方だ。トランプは言う。

「友だち選びは慎重におこなう必要がある。心から自分の成功を望んでくれる人とだけつきあい、ネガティブ思考とちっちゃい考えを持つ形ばかりの友人とは縁を切るのだ」

若い頃から友だちを選んできたトランプだが、大統領選挙のさ中には「友人だと思っていた人々に驚かされた」経験もしている。たとえば、全米展開の百貨店メイシーズのCEOテリー・ラングレンとは長年、よい関係を築いてきた。メイシーズではシャツやネクタイといったトランプブランドも販売している。

ところが、トランプのメキシコ移民に関する発言を受けて、ラングレンはメキシコ人からの抗議の電話に恐れをなして「君との関係を断つ」と連絡してきたという。これまでのつきあいを考えれば「不誠実にもほどがある」がトランプの感想だった。

好調なときにはたくさんの人が集まり、不調になるとあっという間に去っていく人がいる。誰が本当の友だちかを見きわめること、友だちは慎重に選ぶことも人生ではとても大切なことなのだ。

ムースは塊《かたまり》になるから髪型が台なしになる。俺はヘアスプレーがいいんだ。

大統領候補トランプの髪型が奇妙であるというのは多くの有権者が感じていることだが、こうした髪への関心は今に始まったことではない。「ザ・ビュー」という番組に出演したトランプは司会のジョイ・ベハーがトランプの髪のことをいつも話題にしていることに触れ、ベハーに髪をさわらせ、髪型を直させたうえで、こう説明した。

「たいした髪ではなくても、私の髪には違いなく、自分では気にいっている」

毒言暴言19 オゾン層の破壊より自分の髪型

「ジ・アプレンティス」の人気者トランプの髪型はいつだって「国民的話題」であり続けている。たしかに奇妙な髪型ではあるが、トランプによると「ヅラ」ではなく「100％地毛」となる。

では、なぜあれほど整っているのかというと、あまり自然の脅威《きょうい》にさらされないからだという。自宅とオフィスはトランプタワーの中にあり、外に出ることはない。移動はリムジンか自家用ジェットかヘリコプターなので、ここでも問題がない。大好きなゴルフは「TRUMP」のロゴ入りの帽子を被《かぶ》っているのでこちらも問題がない。

結果、奇妙ではあっても地毛ということだが、大統領選挙となると屋外での活動もあるが、帽子も被れない。となると、髪型を整えるヘアスプレーの出番だが、ある日の遊説先でオゾン層を破壊するフロン入りのスプレーを使えないと言われたトランプはこう言った。

「ムースは塊になるから髪型が台なしになる。俺はヘアスプレーがいいんだ」

トランプは元来、「地球の気候変動は二酸化炭素の排出量の増加が原因」という説を信じていない。こんな戯言《ざれごと》は「大金をかけて環境保護論者を喜ばせるだけ」と考えるのがトランプだ。気候変動は人間の責任ではない。オゾン層の破壊より自分の髪型を気にするのもいかにもトランプらしい。

小さな旗は、トランプとそのクラブメンバーの愛国心の大きさを表現するには不十分だ。

投資の神様ウォーレン・バフェットもそうだが、トランプもアメリカという国に生まれたことに対し「地球で最高の宝くじを当てた」といった表現を好んで使っている。たしかにそうだろう。いくら投資の才能があっても、いくら不動産ビジネスの才能があってもアメリカ以外の国に生まれたなら、その才能を今ほど生かすことはできなかったはずだ。しかも、トランプはアメリカが星条旗を国旗と定めたフラッグデー、つまり6月14日生まれということで星条旗には特別の愛着を持っている。

そのためトランプはフロリダ州のパームビーチにある「マー・アー・ラゴ」と呼ばれるプライベートクラブやカリフォルニア州にあるゴルフコースなどに大きな星条旗を掲《かか》げたところ、パームビーチ市や、ランチョパロスバーデス市から「大きすぎる旗を降ろせ」と言われたという。

国旗を掲げないことに対してクレームがつくならともかく、国旗を降ろせと言われるとはトランプも想像していなかった。そう反論すると、「罰金を科す」と言われたが、トランプは訴訟を起こしてこう主張した。

「いちばん大事なことは、小さな旗は、ドナルド・J・トランプと、そのクラブメンバーの愛国心の大きさを表現するには不十分だということだ」

トランプにとって星条旗は、平等、希望、公平の象徴であり、偉大な勇気と犠牲の精神のシンボルとなる。トランプは言う。

「アメリカ合衆国ほど私が誇《ほこ》りを感じているものはない」

最終的にトランプは旗を降ろすことはなく、罰金の代わりにイラク戦争に従軍した兵士のために寄付をおこなっている。最も大切にすべきは「米国と米国市民」というのがトランプの考え方である。

私はホワイトハウスの屋根にネオンサインを取りつけたりはしない。増築するつもりもないし、もちろん上空権を販売することもない。

トランプが得意とするのは、立地はいいがすでに古ぼけて人気のない建物をがらりとつくり変えて、高く販売できる人気の建物にすることだ。

それもちょっとしたリノベーションなどではなく、まわりの景観との調和を無視してでも圧倒的な存在感を誇《ほこ》る建物につくり変えてしまう。

毒言暴言21 ホワイトハウスに持ちこむべきはビジネス感覚

そのせいだろうか、大統領候補トランプにはこんなジョークがよく似合う。

「私は、よくジョークにされているように、ホワイトハウスの屋根にネオンサインを取りつけたりはしない。増築するつもりもないし、もちろん上空権を販売することもない」

トランプの名前を世に知らしめた「トランプタワー」は、ティファニーの店の真上の空中権を手に入れることで実現している。空中権を手に入れることでより大きなビルを建てることが可能になり、金に糸目をつけることなくガラスや大理石をふんだんに使ったことが、トランプタワーをニューヨークを代表する建物にしている。

そんなトランプのことだから、ホワイトハウスだって「金ぴか」にするのではと言われるのだろう。もちろんトランプにそんなつもりはない。こう言い切っている。

「ホワイトハウスに持ちこむべきなのはビジネス感覚だけだ」

ビジネスの世界に求められるのは、「何を言うか」ではなく、「何をなしたか」だ。トランプに言わせると、オバマ大統領は誰も聞かなくなった発言を繰り返すだけであり、何も実行できないでいる。こんなビジネスマンは誰も信用しない、ということだ。

トランプにとってやるべきはホワイトハウスを飾りたてたり、建て替えることではなく、冷徹なビジネスの原則を持ちこんでアメリカを再生することだ。

一発食らうまでは、誰でも自分の計画通りに事を運ぼうとする。

大統領選挙に臨《のぞ》むトランプの政治経験のなさ、外交交渉の経験が未知数であることに不安を感じる人は少なくない。にもかかわらず、トランプに多くの支持が集まるのは、トランプが持つ「タフな交渉人」のイメージが影響している。

たしかにトランプが手がける世界を相手にした不動産ビジネスやカジノビジネスの世界にはタフな取引相手、信用ならない取引相手がひしめいている。そんな連中を相

なめた真似はさせない

手に汚い言葉でやり取りしてきたトランプを、親しい友人はこう評している。

「すね蹴《げ》りと金玉蹴りが得意な実業家。6時に仕事を終えてカクテルを楽しむタイプじゃない」

トランプは「交渉事ではジョン・ケリー国務長官よりも自分のほうが上だ」と豪語しているが、たしかに「交渉」に関してはそうかもしれないというのが世間のトランプ評だ。トランプの交渉に関する考え方を最もよく表しているのが、親しくつきあっている元チャンプのマイク・タイソンのこの言葉だ。

「一発食らうまでは、誰でも自分の計画通りに事を運ぼうとする」

トランプが念頭に置いているのはアメリカの軍事力をさらに強化して「一発食らわせる力」を世界にあまねく認めさせることだ。アメリカが世界で最もパワフルな国だとすれば、それを臆面《おくめん》もなく公言すればいい。そのうえで「奴らは必要とあらば力を使うことを躊躇《ちゅうちょ》しない」とみんなに思いこませることだ。

せっかくの力もみんなに公言しなければ意味はない。「なめた真似をされたら黙っていない」ことをみんなに示せば、二度となめられることはない。いずれもトランプのビジネスにおける信念だが、外交という舞台でもトランプはこの信念を押し通すことでアメリカを再び勝利させようとしている。

今までの人生で今ほど本気の時はない。

トランプが初めて大統領選挙への出馬をほのめかしたのは今から30年近く前のことである。「ＮＥＷＳＷＥＥＫ」の記者によると、１９８７年にトランプは出馬をほのめかし、たくさんのジャーナリストが残した留守番電話のメッセージをその記者に聞かせてくれたという。しかし、土壇場《どたんば》で心変わりして、取材に来た記者たちにこう告げた。

毒言暴言23 我慢がならない現状

「特集用のスクープが欲しいだろ？　あげるよ。私は出馬しない」

そしてこうつけ加えた。

「でも、もし出馬すれば必ず勝つ」

以来、トランプは年中行事のように出馬と辞退を繰り返すようになるが、トランプの周辺には本気で「トランプを大統領に推す会」などを発足させる人もいるほどだった。しかし、こうした声に対してトランプはこう言って辞退し続けた。

「自分は政治家じゃない。しかも、見なくてはならない巨大なビジネスがある」

「私は政治家になるには無遠慮すぎる」

にもかかわらず、今回だけは本気で勝負を挑《いど》むことになった。理由は「目の前の現状に我慢がならなくなってきた」からだという。人々が声を上げるのを助け、アメリカを再び偉大な地位に押しあげるというのがトランプの出馬理由である。トランプは言う。

「今までの人生で今ほど本気の時はない」

30年前のトランプは「注目を楽しむだけ」だったが、「本気モード」のトランプは本気で選挙戦に臨《のぞ》み、本気で「トランプ大統領」になろうとしている。「トランプタワー」はやがて「プレジデントタワー」と名前を変えるのだろうか。

それは我々の金だ。

トランプの強みの一つは選挙戦を自分のお金で戦い、誰かにお金を頼らなくてもいい点にあった。トランプは政治家を見ながらこう指摘する。

「この政治家はこの億万長者のひも付きだ」

「あっちの政治家は別の億万長者かロビイスト、あるいはどこかの利益団体の息がかかっている」

たしかに政治活動にはお金がかかる。かといって、予算を自分の選挙区にいかに引きこむかばかりに血道をあげられるのは困りものだ。政治家は訳知り顔《わけしりがお》で税金を「血税」などと表現するが、その血税の行きつく先が選挙区や支持団体のために使われるのでは、それこそ「税金のムダ遣《づか》い」になってしまう。トランプは言う。

「それは我々の金だ」

1986年、トランプはニューヨーク市が進めていたセントラルパークのウォルマン・スケートリンクの改修工事があまりに多額の税金をムダ遣いしながら少しも工事が進まないことに怒り、ニューヨーク市長のエド・コッチにこう提案している。

「私はまったく新しいウォルマン・スケートリンクを自己の負担で建設し、今年の11月までに一般にオープンすることを申し出ます」

それはトランプにとって「儲《もう》かる仕事」ではなかったが、赤字に苦しむニューヨーク市が数々の不手際によって「6年の歳月と1200万ドルもの金を浪費した」ことへの怒りからの提案だった。そんな市の無能さの恩恵を受けるのは仕事を受注する請負業者であり、彼らは工事の遅れなどによって「大金持ちになる」が、それを負担しているのは「納税者」というのがトランプの主張だった。

結果、トランプはほんの数ヵ月で工事を終え、さらにスケートリンクをどの民営のリンクよりも安く楽しめる、しかし収益も上がる施設へと変えることに成功した。政治家や行政が使う金は「我々の金」だ。だったら、もっと「考えて使え」というのがトランプの主張である。

我々はあまりに多くの雇用を生み出しすぎたのだ。

自国ではなく海外に。

アメリカの「雇用統計」はいつだって注目の的《まと》だ。大統領に限らず、各州の知事たちも「どれだけの雇用を生み出したか」をとても気にするのは、失業率がその国や州の経済状況を端的に表し、高い失業率はそのまま政権への不満に直結するからだ。

アメリカに限らず、ＥＵ各国でも移民に対する不満が高まるのはたいていは「移民が自分たちの雇用を奪う」という危機感からだ。トランプの「メキシコとの国境に壁をつくる」も不法移民の洪水がもたらす治安や雇用に与える悪影響への対応策としての提案だ。

トランプは言う。

「消え去った仕事」を取り戻す

「中国、日本、メキシコといった国々から雇用を取り戻さなければならない」

日本でもそうだが、メーカーは市場に近い国、賃金などのコストの安い国でモノをつくりたがる。そのため賃金が上昇してコスト高になった自国の工場を閉鎖して、より低コストの国へ「生産移管」をするわけだが、結果として「自国の雇用」は失われることになる。その代わりに自国に新しい雇用の場が生まれればいいのだが、現実にはそうはいかない。あとには仕事を失った人だけが取り残される。

なかでもアメリカは積極的に生産移管を進めてきたし、今も進めている。トランプはこうした企業に噛《か》みついている。たとえば、フォードが新しい工場をなぜアメリカではなく、メキシコにつくるのか。ナビスコはなぜシカゴの工場を閉鎖して、メキシコに移転するのか、と。トランプはこうした「消え去った仕事」を取り戻そうと考えている。トランプは言う。

「我々はあまりに多くの雇用を生み出しすぎたのだ。自国ではなく海外に」

冷徹なビジネス論理で動く企業にコスト高のアメリカへの生産回帰を促《うなが》すのは簡単なことではない。しかし、トランプの言葉はたしかに失われた雇用に悩む人々の声を代弁してもいる。雇用、それも単なる数合わせ的な雇用ではなく、安定した生活を営《いとな》める雇用はいつだって政治の中心課題でなければならない。

複雑な問題にはなから首を振り、不可能だと決めてかかる人々もいる。彼らの名前は「知事」だ。

あるエンジニアがこんな言葉を口にしていた。

「技術者には二つのタイプがいる。一つは、知識を使ってモノづくりに挑戦するタイプ。もう一つは、豊富な知識を使い、できない理由を解説するタイプ。必要なのは前者です」

毒言暴言26 「できない理由」がいるのではない

このエンジニアは若い頃、世界を放浪していて、自分の豊富な知識を有効に使えばたくさんの人の役に立つことに気づいたという。それは「できない理由」を解説するのではなく、みんなの役に立つモノをつくる力が自分にあると気づいたからだった。

むずかしい課題を前にしたときの人の姿勢はたしかに二つに分かれることになる。一方は「できない理由」を言葉巧《たく》みに解説する人であり、もう一方は「どうすればできるか」を懸命に考え、課題を解決しようとする人だ。

トランプは自分を後者だと考えている。みんなが「むずかしい」と考える課題を前にすると、「誰よりも興味をそそられる」し、「すばらしい機会」と考えた。実際、「不可能」と言われたプロジェクトをいくつも可能にしてもいる。トランプは言う。

「複雑な問題にはなから首を振り、不可能だと決めてかかる人々もいる。彼らの名前は『知事』だ。こういう問題を周囲に喧伝《けんでん》し、図を見せて説明し、他人の金を湯水のごとく使う輩《やから》。こういう連中にも名前がある。『上院議員』だ」

口先ばかり達者で、何もやろうとしない政治家はアメリカには必要がない。必要なのは、問題を前に「できない理由」ではなく、「どうすればできるか」だけを考えて実際に行動する優秀なビジネスパーソンだけというのがトランプの主張である。

優秀なビジネスパーソンにももちろん名前がある。それは「トランプ」だ。

米国は今や第三世界のようだ。

先進国と新興国、発展途上国の何が違うかというと、やはり「インフラ」の整備度合いだ。道路や高速道路、鉄道網や空港といったインフラには多額の資金と高い技術力が必要なだけに、その度合いを見ればその国の力を推し量《はか》ることができる。

だからこそ、力をつけた新興国は大急ぎでインフラを整備し、先進国の仲間入りをしようとするわけだが、一方でインフラを維持向上させていくには多くのお金がかか

毒言暴言27 インフラ問題にバンドエイドはNG

るのも事実である。日本でもそうだが、つくるのには夢中になるが、その後の維持向上にお金も人も回すことができず、時に不幸な事故につながることもある。

トランプは世界を飛び回る実業家だ。そんなトランプの目には中国など新興国で急速に整備される空港や鉄道などと比べてアメリカのインフラは問題だらけに映ったという。危険を抱えた橋があちこちにあり、道路は傷んで穴だらけ。交通渋滞も一向に解消されず、空港も「どこか第三世界の空港だろうか？」と言いたくなるレベルにある。トランプは言う。

「インフラを大々的に整備しなければならない。米国は今や第三世界のようだ」

インフラの問題を前にワシントンにできるのは「まずいところにバンドエイドと補修テープを巻くだけ」だ。これでは何の役にも立たない。では、どうすればいいか。答えはこうだ。

「建設のことならトランプに聞くことだ」

トランプは建設に関してはプロ中のプロである。工事のやり方も工期もコストも業者のことも熟知している。さらにインフラの整備によってたくさんの雇用も生まれることになる。インフラの老朽化《ろうきゅうか》は先進国の多くが共通して抱える問題である。そしてたしかにトランプはこの問題に関しては「プロ」である。

我々は彼らから何一つ受け取っていない。何一つだ。

選挙戦におけるトランプの主張の一つで、日本にも関係するのが日本や韓国、ヨーロッパなど各地に展開する在外米軍の費用負担の問題だ。たとえば、「いつまでタダで韓国を北朝鮮から守ってやるのか」と怒りをぶちまけ、「撤退させれば何百万ドルも浮く」と主張する。

そんなトランプの怒りは湾岸戦争における「アメリカの報酬」にも向けられている。湾岸戦争のきっかけは1990年8月、イラクがクウェートに侵攻したことだ。1991年にアメリカを中心とした多国籍軍がイラクへの空爆を開始、4月に敗北を認めたイラクとの間で停戦協定が結ばれている。

トランプは戦争自体には反対していないが、クウェートを取り返すことについての報酬契約を結ばなかったことに怒っている。アメリカは戦争のためや、駐留のために多額のお金を使い、たくさんの犠牲を払っているにもかかわらず、その恩恵を受けている国は何の対価も払わないのはおかしいではないか、というのがトランプの主張である。トランプは言う。

「我々は彼らから何一つ受け取っていない。何一つだ」

トランプは結婚に際しても「婚前契約書」は不可欠と考えている。ビルを共同で建設するとき、契約書を取り交わさない人はいない。そうしなければ提携が解消されたとき、誰が何を取るかがはっきりしなくなるからだ。同様に結婚でも事前に契約を交わしておけば、何も手にしないこともなければ、すべてを失うこともない。

戦争だって契約の例外ではないとトランプは考えている。戦うなら「何を受け取るか」を決めておけばいいし、相手の国を守る際にも「貰《もら》うものは貰えばいい」。国際政治という観点から見ればたしかにトランプの主張は暴論だし、そこに誤解もあるのだろうが、世界の枠組《わくぐ》みも国力も大きく変化した以上、「アメリカに守ってもらう」ためには新たな契約が必要になりつつあるのかもしれない。

壁をつくった中国人にあって我々にないものは、建設しようという意思《いし》だけだ。

選挙戦におけるトランプの物議を醸《かも》した発言はいくつもあるが、なかでも有名なのが「南部の国境には壁が必要だ」だ。メキシコからの不法移民の流入を防ぐためには国境沿いに万里《ばんり》の長城《ちょうじょう》のような壁が必要であり、その費用はメキシコ政府に払わせる、というものだ。

秦《しん》の始皇帝《しこうてい》の時代ならともかく、はたして今の時代に必要なのかというのが多くの人の見方だが、どうやらトランプは本気で壁の建設を考えており、「この仕事に最も相応《ふさわ》しいのは私だ」とも言い切っている。

たしかにトランプはみんながあっと驚くような建物をつくり続けている。最初はみんなが不可能だと言っても、最終的にはつくりあげている。不可能を可能にするのは何なのか。トランプは言う。

「壁をつくった中国人にあって我々にないものは、建設しようという意思だけだ」

パナソニックの創業者・松下幸之助《まつしたこうのすけ》氏に「二階に上がるはしごは熱意がつくる」という言葉がある。たしかにはしごそのものは大工さんがつくるが、そこに「何が何でも二階に上がりたい」という誰かの熱意がなければ、誰もはしごをつくろうとはしない、ということだ。

万里の長城だって国境を守らなければならないという強い意思があったからこそ、あれほどの事業に取りかかり、つくり続けることができた。アメリカにとってメキシコからの不法移民は「何とかしなければならない」課題ではあっても、議論だけで行動しようという意思がなければ永久に解決されることはない。

トランプは解決策として「壁をつくる」という意思を示しただけでなく、「壁をつくる」という工事に最も詳しく最も相応しいのは「私だ」と言っている。

「壁をつくる」のが正しい解決策かどうかはともかく、たしかに議論だけで何もしなければ何も解決しない。まずは「強い意思」を示すことが大切で、強い意思さえあれば解決できるというのがトランプの流儀である。

我々はもはや勝者ではない。

トランプが選挙戦で強調したのは「アメリカを再び偉大な国に」だ。つまり、トランプの目には「現在のアメリカ」は「偉大な国」でもなければ、「勝者」でもないということだ。トランプは聴衆にこう問いかける。

「いつが最後だ、アメリカが何かに勝利したのは？」

こうした問いかけに人々が熱狂するのは、それだけアメリカという国が置かれている状況に疑問を感じている人が多いということだろう。トランプは「現在のアメリカ」

毒言暴言30 勝利経験のある リーダーでなければできない

についてこう言い切っている。

「米国は困難の真っただ中にいる。我々はもはや勝者ではない。我々は中国に押されている。メキシコには貿易と国境問題の両方で押されている。ロシアやイラン、サウジアラビアにも押されている」

かつてのアメリカは圧倒的な勝者だったが、気がつけばこれらの国に連戦連敗で、このまま放っておくと「惨《みじ》めな負け犬のままでい続ける」というのがトランプの危機感だ。ただし、トランプはアメリカの力そのものに「ノー」と言っているわけではない。「最も偉大な国家」としての優位性を生かそうとしないリーダーに怒っている。つまり、再び勝利するためには勝利した経験を持つリーダーが必要だ、ということだ。トランプは言う。

「私は自分が勝者であると自慢するつもりはない。だが、勝利した経験はある。リーダーシップとは勝利することだ」

トランプは会社を率《ひき》いるようになって以来、危機に瀕《ひん》したことは何度もあるが、最終的には勝利を手にしている。自分はずっとリーダーであり続けたし、すばらしい勝利を何度も手にしている。偉大な国・アメリカを率いるのは勝者でなければならない。そしてそれは自分しかいない、というのがトランプの自信である。

I get it done.
この四つの単語は政治家には言えない言葉だ。

トランプが不動産ビジネスなどを通して学んだいちばん大切なレッスンは次のものだという。

「発言に責任を持て。発言通りに行動しろ」

ＧＥ（ゼネラル・エレクトリック）伝説のＣＥＯジャック・ウェルチも同じことを言っている。「信頼は感じ取るものだ。やることがガラス張りで、率直で、言ったことを守るときにリーダーに対する信頼は生まれる」

毒言暴言31 トランプが学んだいちばん大切なレッスン

世の中に「いいこと」を言う人はたくさんいる。しかし、問題はそれをやる人があまりに少ないことだ。選挙戦ではいつもそのことを思い知らされるのだが、それでも同じことが繰り返される。

トランプの自信の源《みなもと》は「守れない約束はしない」だ。トランプは若い頃、ティファニーの経営者から「握手を交わした以上、取引は成立だ」と言われ、以来、「いったん握手を交わしたら相手は裏切ってはいけない」ことを肝《きも》に銘《めい》じている。

同様にプロジェクトでも「やる」と言った以上、資金を調達し、問題を解決し、すぐれたスタッフを集め、確実に実行するように最善の努力をしている。その自信からだろう、こう言い切っている。

「I get it done. この四つの単語は政治家には言えない言葉だ。私はそれを成し遂げる」

信頼は「言ったことをやる」という当たり前のことから生まれる。反対にどんなに立派なことを言っても、「あいつは何もやろうとはしない」「あいつは言っていることとやっていることがバラバラだ」と思われたなら、そこに信頼が生まれることは絶対にない。

実業家としてのトランプは言ったことを実現してきたが、政治家トランプとしてもその信条を守ることができたなら、すばらしい政治家になることができる。

彼らは未来に何をするかを語るのみで、今まで何を成し遂げたかについては語らない。

ビジネスの世界でものを言うのは、「何を言ったか」ではなく、「何をつくりあげたか」「何を成し遂げたか」である。どんなに立派なことを言ったところで、過去にどんな実績もなく、たいしたものもつくりあげていない人を信じるほどビジネスの世界は甘くない。

トランプは20代半ばで父親の元を離れ、マンハッタンでのビジネスに乗り出しているが、当時、自分の計画を懸命にマスコミに売りこもうとするトランプを見て、ある

毒言暴言32 大風呂敷を広げて実行

大物不動産業者はこう一蹴《いっしゅう》した。

「トランプはいろいろでかいことを言ってるようだが、実績はあるのか？」

この言葉に若きトランプは激怒するが、のちには「彼が正しかったことがわかる」ようになったという。どんなにでかいことを言ってもそのすべてが計画倒れに終われば、ただの「はったり屋」にすぎない。人は「何を言うか」よりも「何を成し遂げたか」で評価される。

共和党の選挙戦でトランプはこう豪語した。

「私の率《ひき》いる数多くのすばらしい会社を見てくれ。私は指導者としてファンタスティックなまでに成功している」

トランプの事業家としての成功に嘘《うそ》はない。トランプは大風呂敷《おおぶろしき》を広げはするが、その多くを実行している。そこに強みがある。トランプは言う。

「選挙に立候補する者は、自分には十分な実績があると主張する。だが残念なことに、彼らは未来に何をするかを語るのみで、今まで何を成し遂げたかについては語らない」

たしかに政治家たちは明るい公約を口にはするが、「過去の公約をどれだけ実現したか」「自分がこれまで何を成し遂げたか」には口を閉ざす。「実績」への厳しい評価こそが「明るい未来」をつくり出すのかもしれない。

誰がボスなのかをわからせなければならない。

トランプが手がけるほどの大きなプロジェクトであれば投資家やパートナーといった人たちも当然関わってくることになる。しかし、その中には「友情あふれる」態度を示す一方で、平気でトランプを陥《おとし》れようとする人もいる。トランプに言わせれば「まっとうな人もいれば、そうでない人もたくさんいる」ということだ。

毒言暴言33　生き馬の目を抜く世界で勝ち残る条件

一緒に仕事をしようという人がいれば、まずはその人のことを信じようとするものだが、かといって何の疑いもなく信じすぎてしまうと、自分を守れなくなることもある。では、何が必要か。トランプは言う。

「成功したいと思うなら、信頼を得ることが何より重要だ。人々に自分のこと、そして自分のしてきたことを信頼させなければならない。しかし一方で、人々はできるだけあなたを利用しようとするだろう。そのため、誰がボスなのかをわからせなければならない」

もしこうした努力を怠《おこた》ると何が起きるか。

「気を抜けば、一瞬のうちに『こいつはカモだ』という噂《うわさ》が街中に広まってしまう。もっと悪ければ、歴史に名を残すことになってしまうかもしれない」

人を管理するには「尊敬」もあれば、「恐怖」もある。大切なのは「俺を騙《だま》すなよ。俺を騙そうと思っても、簡単に見破ることができるのだから」と思い知らせることだ。何かをごまかしたら、どんなに手間やお金がかかっても厳しく追及する。倍返し、十倍返しをお見舞いする。

ニューヨークでの不動産ビジネスという生き馬の目を抜く厳しい世界を生き抜き、勝ち残るためにはこれほどの激しさが必要なのだ。

超高層ビルは金儲《もう》けの機械だ。

トランプのつくる建物の特徴の一つは周囲を圧倒するほどの高層ビルであることと、周囲との調和を無視するほどの華《はな》やかさにある。

もちろんこうした建物ばかりではないが、初期のトランプタワーやグランドハイアットホテルでは調和よりも目立つことを優先させている。たとえばグランドハイアットホテルはクラシックな外観を持つグランドセントラル駅や、装飾を施《ほどこ》した石灰《せっかい》岩《がん》とレンガ造りのオフィスビルに対し、反射率の高いガラスの壁で覆《おお》っている。周囲との調和を無視しているという声にこう反論した。

「その辺の建物がどんなにすばらしいかなどという話は聞きたくない」

トランプタワーの高さにもたくさんの反対の声があがった。一時、トランプは自らの案を通すために80階建てのビルの模型までつくっているが、こうしたあらゆる策を弄《ろう》することで70階建ての高層ビルを建てようとしていた。なぜ高層ビルなのか。立地がいいだけにアパートの戸数が多ければそれだけ投資収益率もよくなるし、ビルが高ければ高いほど眺《なが》めはよくなり、値段も上げられるからだ。

トランプは近代美術館のアーサー・ドレクスラーが言った批判を込めての言葉をかえって意欲を高める言葉に変えていた。

「超高層ビルは金儲けの機械だ」

当然、高層ビルには反対の声があがったが、トランプのチームのメンバーはこう反論した。

「太陽がほしければ、カンザスに引っ越すことですね」

こんな暴言を吐いてでも、トランプは高層ビルを可能にするため容積率の割り増しにつながることは何でも試みた。超高層ビルはアートにして金儲けの機械というのがトランプの考え方だった。最終的にトランプタワーは58階建ての超高層ビルとなった。

無能な経営陣が彼らの言う独立を守るために必死になるのを見るのは愉快だ。独立とは、彼らの職という意味にすぎない。

トランプはいわゆる「乗っ取り屋」ではないが、そこにたっぷりの利益が見込めるなら買収に近いことを試みることもある。

トランプはある時期、ホリデイ・インの株を買い集めたことがある。理由はカジノホテルの経営に成功した後、大きな利益の見込めるカジノを所有する会社を買収したかったからだ。

毒言暴言35 ホリデイ・インをターゲットにしたわけ

ホリデイ・インは格好のターゲットだった。１９８６年当時、世界に１０００近くのホテルを持ち、アトランティックシティとネバダに3軒のカジノホテルを持っていた。にもかかわらず同社の株価は安く、10億ドルで経営権を手に入れることが可能だった。もし手に入れることができれば、普通のホテルは売却して、3軒のカジノホテルだけを手元に置いておく。計14億ドルの利益を得ることができる。

トランプが同社の株を買い進めているという噂《うわさ》が流れると、同社の株価は急騰《きゅうとう》、ホリデイ・インもトランプが敵対的ＴＯＢ（株式公開買い付け）を仕掛けることを阻止《そし》しようと、1株につき多額の配当金を株主に支払うといった対抗策を打ち出した。

そんな経営陣の様子を見て、トランプはこう感じた。

「無能な経営陣が彼らの言う独立を守るために必死になるのを見るのは愉快だ。独立とは、要するに彼らの職という意味にすぎない」

トランプは株を買い集める前から、①買収する、②株価が上がったところで売却する、③ホリデイ・インが望むなら高値で売却する、という3つの案を描いていたが、最終的に株価が急騰したところで全株を売却、数百万ドルの利益を手にすることになった。経営陣は自分の職を守ること、多額の報酬を得ることが唯一の目的となっている。

トランプにはそんな経営陣が何とも滑稽《こっけい》だった。

結果が悪かったなら、それを勧めた人が非難される。しかし、結果がよかったとしても、それで勧めた人が信用されるわけではない。

トランプのような成功者に人々が求めるのは「成功法を教えてほしい」であり、「どうすればお金持ちになれるかを教えてくれ」だ。

そんな要望に応えるためか、トランプはこうした類《たぐい》の本も出しているが、そこで伝えているのは「一夜にして億万長者になれる方法」ではない。トランプ自身、不動産ビジネスという時間と手間のかかる仕事をしているだけに、ウォール街の住人と違って「一攫千金《いっかくせんきん》」を狙《ねら》うとかえって失敗しやすいと考えている。

それよりも「一生懸命に働け」がトランプのアドバイスだ。そして「何に投資すればいいか？」と聞かれると、いつもこう答えているという。

「自分の思う通りに」

なぜこうした突き放した言い方になるのか。理由はこうだ。

「結果が悪かったなら、それを勧めた人が非難される。しかし、結果がよかったとしても、それで勧めた人が信用されるわけではない。人間とはそのようなものなのだ」

もしトランプがある投資を勧めたとして、もしその投資がうまくいかなければ、人々はトランプを非難し恨《うら》むことになる。では反対にその投資に成功して、たくさんのお金を手に入れたとしても、たいていの人は「トランプのお陰」ではなく、「自分の才覚のお陰」としてトランプが勧めたことなど忘れてしまう。

投資で大切なのは「頼れるのは自分だけ」であり、お金持ちになりたいのなら「賢《かしこ》く、強くあり、ガードを固め、研究を怠《おこた》ってはならない」というのがトランプからのアドバイスである。

ものにならない仕事に自分の名前をかかわらせたくはない。

「トランプ」という名前は不動産ビジネスの世界では一種のブランドになっている。ある人がトランプのことを「世界で唯一、自分の名前をブランド化できる不動産業者である」と評したが、世界中にあるトランプのビルを見れば、その評価もあながち大げさとは言えないだろう。

トランプが危機を脱して復活した後、トランプの元には新しく自分たちが建てるビルにトランプの名前を使いたいとたくさんの人が訪れるようになった。「トランプ」という名のついたビルやマンションは高級さ、品質の高さで知られているだけに、トランプの名前のついたビルやマンションを売り出せば高い値段で売ることができるというのがその理由だ。

たとえば、アルゼンチンの業者は首都ブエノスアイレスに「トランプタワー」を建てたいと申し入れてきた。トランプのデザインやコンセプトをそのままアルゼンチンに持っていき、トランプの名前で売るというものだ。トランプはこの提案には大いに乗り気になったというが、ほとんどのケースでは申し出を断ることになるという。

理由は、もしいい加減な業者がトランプの名前だけをつけていい加減な建物を建てて販売した場合、「事業基盤は下り坂を転がり落ちていくように崩《くず》れる」ことを誰よりもよく知っていたからだ。「儲《もう》かるから」と安易に名前を貸して、いい加減なビルができて不評を買うとか、事故でも起こしたら、トランプが長年かけて築きあげたブランドもあっという間に崩れてしまう。だからこそ判断は容易ではない。

トランプは言う。

「ものにならない仕事に自分の名前をかかわらせたくはないんだ」

やるなら最高の仕事をやる。そうでなければやる価値がないというのがトランプの考え方だ。

世の中で最もよい男と最も悪い男を、時に応じて使い分けなければならなかった。

交渉というのは一筋縄《ひとすじなわ》ではいかないものだ。先方が素直にこちらの言うことを受け入れてくれればいいが、まずそんなことはあり得ない。では、こうした交渉の場でどうすれば有利に事を進められるかというと、トランプは「交渉の達人とは、カメレオンのような人だ」と話している。

相手によって、状況によって、さまざまな態度や表情、言い方を使い分ける。時に

交渉の達人はカメレオンタイプ

無関心を装い、時ににこやかに、そして時に大声を出したり、テーブルを叩《たた》くことで有利に進めるというのが「交渉の達人」トランプの流儀である。

そんなトランプでさえ、1990年代初頭の、多額の負債を抱えて倒産や破産の危機に瀕《ひん》していたときの交渉はさすがに大変だった。それは「一生懸《か》命生き残りを懸けてもがいていたとき」であり、果てのないミーティングや会議、電話対応など、「仕事以外は何をする時間もなかった」時代だという。

当時、トランプの交渉はこうだった。

「大声を張りあげ熱弁をふるい、甘言《かんげん》で騙《だま》し、常に相手を納得させ、そして世の中で最もよい男と最も悪い男を、時に応じて使い分けなければならなかった」

たとえば、返済を迫る銀行との交渉では「貸した側の責任」を追及し、時に「女の話」で意気投合して好条件を引き出した。叫び、わめき、汚い言葉を使うのも厭《いと》わない。しかし、その一方では未来のすばらしいプロジェクトの話を持ち出してなだめたりもする。

交渉、特に厄介《やっかい》な交渉にセオリーはない。外交交渉でもそうだが、時にはインテリのエリートよりも「あばずれ」のほうが交渉に相応《ふさわ》しいこともあるし、交渉の達人はこうした顔を使い分けるというのがトランプの考え方だ。

駆け出しのあなたの身には何も起こらない。

どんな成功者にも駆け出しの時代、何者でもない時代がある。スティーブ・ジョブズもアップルを創業した頃は大学を一学期で中退した、学歴もお金も人脈もないヒッピー同然の若者にすぎなかったし、ウォーレン・バフェットも投資のアドバイスをしたところで誰も本気で耳を貸そうとはしない若者にすぎなかった。

トランプも同じだった。成功した父親と一緒に不動産ビジネスを手がけていたお陰で多少のお金とノウハウは持っていたが、マンハッタンにおいては「でかいことを言ってるようだが、実績はあるのか？」と同業者から言われる程度の存在だった。

当時の経験を踏まえてトランプは、世の中に踏み出したばかりの若者にこう言っている。

「仕事を始めたばかりのあなたは、無名の存在だ。あなたには実績もないし信用もない。あなたが真の大物なのか、それとも状況がヤバくなったら我先に逃げ出す無責任な人間なのか、誰にも判断はつかない。だから、駆け出しのあなたの身には何も起こらない」

最初の頃はコネもなければ実績もない。当然、誰からも誘いの電話などかかってはこない。では、どうすればいいのか。

報《むく》われない努力、地道な努力を積み重ねながら、少しずつ世間にコネをつくり、少しずつ勢いを蓄積していく。たとえ何も起きなくても、決してあきらめることなく黙々と努力を積み重ねていくと、ある日突然、何かがあなたをブレイクさせて、成功を手にし、信頼度が上がり、まわりの見る目も変わってくるというのがトランプのストーリーである。

大切なのは「駆け出しの身には何も起こらない」と自覚することだ。それでもあきらめることなく懸命に努力を積み重ねた者だけがやがて成功に行きつくことができる。

その口車《くちぐるま》を瓶詰《びんづめ》にできるものなら、売り出したいところだよ。

現在のトランプは知名度もあれば実績もあり、資金力も兼ね備えた実業家だが、マンハッタンに進出したばかりの頃のトランプは何も持たない若者にすぎなかった。不動産ビジネスに関する知識や経験は父親との仕事で身につけていたが、それはあくまでもクイーンズ地区などでのことである。資金も少しは持っていたが、マンハッタンでの大規模開発にかかる費用は莫大《ばくだい》でとても追いつかない。もちろん実績も知名度もなかった。

では、そんなトランプがなぜグランドハイアットホテルのプロジェクトを進めることができたかというと、鍵《かぎ》を握っていたのは「言葉巧《たく》みな交渉力」だった。当時のニューヨークの景気は最悪であり、グランドハイアットホテルの前身コモドアホテルも立地条件はよかったものの、周辺は荒廃《こうはい》しきっていた。トランプはそれを利用した。トランプは「死に瀕《ひん》した街のうらぶれた一角にある経営不振のホテルを買おうというような人間は自分だけ」と主張して、銀行に対しては「市の再建に協力するのは銀行の道義的責任」と指摘した。さらにコモドアホテルの多額の税金滞納に頭を痛めていたニューヨーク市には、大幅な減税によってホテルの再建を実現すれば、新たな雇用が生まれ、最悪の環境も改善され、新たな税収も手にできることを強調した。

とても20代の若者とは思えない主張だが、こうした主張によってトランプはホテルを買い取るオプションを手にし、銀行融資も得たばかりか、大幅な税の軽減まで手にしている。すばらしい交渉ぶりだ。こうしたトランプの巧みな交渉をある人がこう評した。

「彼の言うことは事実として受け止められる傾向がある。その口車を瓶詰にできるものなら、売り出したいところだよ」

もっとも、トランプの場合、ただの口車ではなく、現実にプロジェクトを完成させるだけに立派なスキルと言っていい。トランプも最初は何も持たない若者だったが、その交渉力とやり抜く意思《いし》は本物だった。

私の二の舞を演じるな。集中し続けることだ。

トランプは若くして不動産ビジネスで大成功をおさめ、今や大統領選挙に立候補するほどの人物になっているが、その人生は必ずしも一直線の成功物語ではない。いくつもの企業が破産や破綻《はたん》、廃業となっているし、1990年代には絶体絶命の危機にもおちいっている。

理由はいろいろある。日本でもバブルの崩壊《ほうかい》によってたくさんの金融機関、不動産会社などが破綻しているが、アメリカでも金融の引き締めなどによっていくつもの不動産会社が破綻に追いこまれている。

トランプもその影響はもちろん受けているが、トランプ自身はそれ以上に自らの集中力の欠如《けつじょ》が危機を招いたと考えている。理由は慢心だった。80年代のトランプは絶好調で、プロジェクトは立て続けに成功し、本はベストセラーとなり、ヨットや自家用ジェットなども手に入れた。

ある雑誌はそんなトランプをこう評した。

「トランプが触れるものすべてが金に化《ば》けた」

まさに「ミダスタッチ」（触れるものすべてを黄金に変える能力）である。すべてが順調なトランプはやがて服に興味がないにもかかわらず、ヨーロッパのファッションショーに出かけるといった行動を取るようになり、「その散漫さが事業を傾かせていった」という。

そこに起こったのが不動産市場の崩壊だった。トランプは90億ドルを超える負債を抱えて破産の危機に瀕《ひん》するが、99もの銀行との粘り強い交渉を経て何とか生き延びたばかりか、その後は再び勢いを取り戻すことに成功した。トランプは言う。

「もっともっとという欲が衰《おとろ》えたとき、あなたは坂道を転がりはじめるのだ」

さらにこうアドバイスしている。

「私の二の舞を演じるな。集中し続けることだ」

どんな成功者でも成功し続けるためには集中し続けることが大切なのだ。散漫さは一瞬にしてすべてを奪うことになる。

私たちの仕事には、「面白い」経験などいらないのだ。

『まあ、しょうがない』と思うだけでは、しょうがないだけの選手に終わってしまう」は、選手としても監督としても圧倒的な実績を残したプロ野球選手・落合《おちあい》博満《ひろみつ》氏の言葉である。

試合で負けたり、思うような結果が出なかったとき、「まあ、しょうがない」と自分

毒言暴言42 失敗はいい勉強ではない、「へま」だ

で自分を慰《なぐさ》めるだけでは何も得られない。「いい経験」にはなったかもしれないが、本当に欲しいのは勝利であり、結果である。そのためには「どうして」「なぜ」と原因をとことん考え抜いて明日の結果につなげるのが本当のプロだという。

ビジネスにおいても失敗したにもかかわらず、「でも、いい勉強になった」「面白い経験をした」と言って慰めることがあるが、トランプは自分のしでかした「へま」を決してそのようには考えないという。こう話している。

「『あまりうまくいかなかったけど、いい勉強になった』などと言う外科医を想像できるだろうか。私はそんな医者に手術してもらいたくない」

たしかに外科医に失敗は許されない。それはトランプの不動産ビジネスも同様で、もし工事のどこかに手抜かりというか、ミスがあったら大勢の人が死ぬことだって考えられる。そんな仕事をしている経営者が失敗を前に「いい勉強になった」「面白い経験をした」と言ったとすれば無責任すぎるし、袋叩《ふくろだた》きにあってしまう。トランプは言う。

「私たちの仕事には、『面白い』経験などいらないのだ」

仕事をしていれば時には失敗もあるだろうが、少なくともプロとして失敗は「しでかしたへま」であり、失敗をしないために常にベストを尽くすことが肝要なのだ。

私は勝つためには法の許す範囲ならほとんど何でもするが、ことを隠しはしない。

ビジネスというのは勝つか負けるかである。マイクロソフトの創業者のひとりビル・ゲイツの取引に懸《か》ける熱意はすさまじく、取引に失敗することは自分たちが利益を失うだけでなく競争相手が利益を得るため、二重に負けたことになる、と言っていたほどだ。

こうした負けず嫌いという点ではもちろんトランプもビル・ゲイツに負けていなかった。マンハッタンに進出したばかりの頃、ペン・セントラル鉄道が持つ操車場跡地を購入する権利をトランプが取得した。価格は６２００万ドルだったが、この計画をトランプが発表するとすぐにあるプロジェクトでパートナーを組んだこともあるスタレット・ハウジング社が1億５０００万ドルというはるかに高い金額での購入を申し出た。

トランプは引き下がるつもりはなかった。トランプは言う。

「私は負けず嫌いで、勝つためには法の許す範囲ならほとんど何でもすることを隠しはしない。時には競争相手をけなすのも取引上の駆け引きの一つだ」

結果、トランプは勝利するが、こうした駆け引きを通じてトランプの強さは増すことになった。１９９０年代、資産価値の下落によって債務超過におちいったトランプはいくつもの金融機関から厳しく返済を迫られた。トランプは彼らにこう言った。

「もし争いを望むなら、私の得意な裁判訴訟やその他の法的な手段を使って、皆さんを何年間でもその問題に釘付《くぎづ》けにすることができます」

トランプにとって大きな賭《か》けだったが、金融機関は厄介《やっかい》な問題に時間とお金をかけるよりも、トランプの提案を飲むほうが簡単だと考え、両者の意見は一致することになった。この勝利がなければトランプの復活はなかっただけに、トランプの勝つためにはあらゆる手段を駆使《くし》するやり方が功を奏することになった。

行動なき思考は
長い目で見れば実りが少ない。

何かを始める前に「考える」ことに時間をかけすぎていつも後手《ごて》に回る人がいる。ある意味、慎重なのだろうが、慎重さばかりが先に立って行動に移すことができなければ、どんな成果も手にすることは望めない。

トランプは言う。

「さまざまな言いわけで前進をためらってはいけない。中身のない言いわけは、捨ててしまうのがいちばんだ」

毒言暴言44 やらなければ誰かに先を越される

言いわけは恐怖の表れであり、「やらない」という目的を達成するために考えられたものにすぎない。トランプによると、自信を築き、成果を上げるためにはまずは小さなことから行動を起こし、徐々に大きなことに取り組んでいくことが大切だという。

何が大切かはやる前にあれこれ考えるのではなく、前へ進みながら考え学んでいけばいい。何かを成し遂げるために考える力は欠かせない。しかし、その力も前に進むことに使わなければ価値がない。トランプは学期末のレポートにたとえてこう話している。

「やらなければと考えるほうが、実際にやるよりつらいのかもしれない」

「レポートを書かなければ」と焦《あせ》るだけでまったく手がつかない。その気持ちは不安だし、手をつけるのは楽ではないが、さんざん先延ばしにしたあげくに書きはじめると何とかできてしまう。「こんなことならさっさとやればよかった」ということだ。トランプは言う。

「行動なき思考は長い目で見れば実りが少ない。せっかくいいアイデアがあっても、それをもとに行動を起こさなければいいアイデア止まりで終わる」

考えることも大切だが、もっと大切なのは考えたことをやってみることだ。やらなければ永遠に成果は上がらないし、誰かに先を越され続けることになる。

一度狙《ねら》いをつけたものは、たいてい私のものになる。

トランプの特徴の一つは「あきらめない」ところにある。不動産ビジネスの特徴の一つでもあるが、「この土地が欲しい」と思っても短期間で手に入ることはあまりない。さまざまな問題を抱えていたり、条件面の折りあいがつかないといった理由からすぐには話がまとまらないことも多いが、そんな案件でもトランプは時間をかけることでやがて「私のもの」にしてしまう。

40ウォールストリート（現トランプビル）は1930年にマンハッタンに建てられた、当時としては世界一の高層ビルだが、このビルの美しさと見事さに魅了されていたトランプは長い年月をかけて手に入れている。

同ビルは長くテナントでいっぱいの超人気ビルだったが、1980年代にフィリピンの元大統領マルコスによって買収されて以降、長く混乱が続いていた。ビルの管理は無秩序になり、その後、ニューヨークの不動産会社ジャック・レズニック&サン、香港のキンソン・カンパニーと、所有者は代わり続けた。

「混乱があるところにはチャンスが存在する」というのがトランプの考え方だ。トランプは不動産市況の混乱と、40ウォールストリートの所有者の混乱につけこんだ。

長い間、このビルを手に入れたいと願っていたトランプは、ビルの改装など多額のお金が出ていく一方で一向に事業好転の兆《きざ》しが見えないキンソン・カンパニーからの申し出でミーティングに応じることにした。

キンソン・カンパニーがビルを手に入れたとき以来、3年ぶりの顔合わせだったが、一刻も早くビルを手放したかったキンソン・カンパニーは言い値の100万ドルにも満たない金額でトランプに譲渡《じょうと》することになった。若き日、マンハッタンに進出した際に憧《あこが》れを持って仰《あお》ぎ見たビルはついにトランプの手に落ちることになった。それも驚くほどの安い金額で。トランプには欲しいもののためなら何年でも待つ忍耐強さと、チャンスを逃さない目ざとさがあった。

あるものは公正だが、あるものは人を陥《おとしい》れようとする。しかし、どちらにしても私の友たちだ。

トランプによるとニューヨークという街は不動産ビジネスにとってとても魅力的ではあるが、一方でとてもややこしく、お金がかかることでも知られているという。トランプはそんなニューヨークを舞台に学生の頃から不動産ビジネスを手がけている。ところが、時にそんなことも知らずにニューヨークで不動産ビジネスをやろうとする向こう見ずもいる。

前項でも述べたが、トランプが所有する40ウォールストリート（現トランプビル）の前の所有者は香港のキンソン・カンパニーだ。香港には有名な不動産会社も多いが、キンソン・カンパニーはスニーカーの会社であり、不動産の素人だった。

トランプには彼らが「無邪気《むじゃき》で、何も知らない」人に思えた。不動産の世界で無知は命取りになる。キンソン・カンパニーは計画よりもはるかに高い金額を請求され、何から何まで奪い取られた結果、トランプに１００万ドル以下というタダ同然の金額でビルを売却することになった。

その後、トランプは厄介《やっかい》な問題をすべて片づけることに成功したが、理由はこうだ。

「私はすべての建築業者を知っている。あるものは公正だが、あるものは人を陥れようとする。しかし、どちらにしても私の友たちだ」

得意分野を究《きわ》め、厳しい監督者であり続ければ、どの業者も騙《だま》すことはできない。トランプはキンソン・カンパニー相手に「幸運をつかんだよ」と言う業者に、「その幸運を終わりにしなければならない」と通告、混乱していた問題を見事に解決することになった。

ビジネスの世界では無知は命取りになる。成功には相手に敬意を払わせ、恐れさせるほどの力が欠かせない。

タバコに殺された人より、より多くの人がアルコール中毒、あるいはアルコールに関連した問題で殺されている。

トランプのことをある友人が「6時に仕事を終えてカクテルを楽しむタイプじゃない」と評したが、たしかにトランプはカクテルどころか一滴のお酒も飲まないし、タバコやコーヒーにも手を出さないという、外見とはまるで違う一面を持っている。マンハッタンに進出した際、ニューヨークで最も注目を集めていた「ル・クラブ」への加入を希望、会長との面会を取りつけることに成功した。トランプを「好青年」

毒言暴言47　間違っても酒に逃げるな

と気にいった会長はトランプに「21クラブで一杯やらないか」と誘ったものの、酒を飲まないトランプは会長と酒好きの友人が二人で飲んでいるそばで手持ち無沙汰《ぶさた》に座っていたほど酒とは縁《えん》のない生活を送っている。

　といっても宗教上の理由でもなければ、道義的な理由からでもない。「酒を飲んで普段と違う自分になったり、肺に煙を吸いこんだりすることに何の意義も見いだせなかった」というのが理由だが、祖父が大酒飲みだったこと、実の兄を酒で亡くしたことも影響しているのはたしかだろう。

「私は酒一滴、タバコ一本やったことがないんですよ」がトランプの生き方だった。特に酒に関しては、どんなに大変なことがあっても「酒に頼るな」と言っている。過度のストレスから酒に逃げ、人生をダメにした経営者を何人も見てきたというトランプは、タバコ以上に酒こそ気をつけるべきものと考えていた。こう話している。

「新聞を開くと、タバコ会社を攻撃する記事を目にする。なぜアルコールの会社は同じように攻撃されないのだろうとよく思う。タバコに殺された人より、より多くの人がアルコール中毒、あるいはアルコールに関連した問題で殺されているのだ」

　ストレスを克服することなしに成功は望めない。しかし、間違っても酒に逃げてはいけないというのがトランプの言い分だ。

男と女の争いほど ひどいものはない。

トランプは三度結婚し、二度離婚している。最初の相手はチェコスロバキア出身のモデルで、札幌オリンピックに出場予定でもあったイヴァナ・ツェルニコワ。１９７７年に結婚して１９９２年に離婚している。

その翌年には女優のマーラ・メープルズと再婚するが、１９９９年に離婚、２００５年にスロベニア出身のモデル、メラニア・クナウスと再々婚している。まさに「女好き」「美女好き」の面目躍如《めんもくやくじょ》というところだが、ここで気になるのは慰謝料の問題だ。

トランプほどの莫大《ばくだい》な資産を持っていれば慰謝料も相当な額にのぼり、二度も離婚をすれば身ぐるみ剝《は》がされるほどの目にあってもおかしくないが、トランプはそれを防ぐ策を事前に講じている。

それが「婚前契約書」だ。トランプによると、愛が死んでしまうと、後に残されるのは機嫌《きげん》のよくない配偶者と結婚証明書のみだ。しかも配偶者は相手の弱みを握っているとなると、そこに事前の取り決めがなければ、争いは全面戦争に発展し、ビジネス取引でも考えられないほどのよこしまな法廷闘争によって「懐《ふところ》と心は完膚《かんぷ》なきまでに破壊される」という。

それを防ぐのが婚前契約書で、事前に離婚した際の取り分を決めておけば、心はともかく、自分のビジネスは守ることができるというのがトランプの主張である。トランプは言う。

「私はひどい取引をたくさん見てきた。ひどい提携関係もたくさん見てきた。ビジネスに関するひどい法廷闘争もたくさん見てきた。しかし、男と女の争いほどひどいものはない」

結婚をするなら婚前契約書を用意しろ。婚前契約書なしの結婚はリスクが高すぎるというのが、二度の離婚を経験したトランプの心からのアドバイスだ。

宿題をちゃんとやらなかった人々は、とても悲惨な状況におちいることとなる。

トランプはとても派手に見えるが、日々パーティーなどに明け暮れているわけではない。朝は早く起きて、地方、国内、国外を問わずあらゆる種類の新聞や雑誌を、時間をかけて読むようにしている。

「一日に3時間ほどの静かな時間を持つ」のがトランプの流儀である。なぜそれほどの時間を読書や思索に割《さ》くのか。理由はリンカーン大統領のこの言葉を信じているからだ。

「私は勉強をして、備える。そうすればチャンスはきっとやってくるだろう」

何かを成し遂げるためにはたゆまぬ努力と勉強が欠かせない。たとえば、不動産ビジネスで「知りませんでした」「うっかりしていました」は通用しない。うかうかしているとあっという間に裏をかかれ、騙《だま》され、大金を騙し取られることになってしまう。そうならないためにはビジネスに熟達し、コスト管理に精通し、決してすきを見せないことが必要なのだ。トランプは言う。

「金を払ってでも必要な知識を手に入れなければ、あなたはいともたやすくカモられてしまうだろう。宿題をちゃんとやらなかった人々は、とても悲惨な状況におちいることとなる」

大きな失敗をして、「なぜちゃんと教えてくれなかったんだ」「事前に言ってくれよ」と噛《か》みついたところで誰も助けてはくれない。世の中には親切ごかしに近づいてくる人はいても、手取り足取り教え導いてくれる人はいない。

あなたの代わりに勉強してくれる人はいない。仕事でも私生活でも、必要な知識は自力で身につける。それが唯一の生き抜く方法だ。

ビジネスは自分の考えを思いつくままに口から垂《た》れ流す場ではない。

時間はみんなに平等に与えられているが、その時間をどれだけ有効に使いこなすかはその人の成功と深く関わることになる。

トランプは社員に対しても、記者に対しても厳しい時間制限を課していた。トランプはよきにつけ悪しきにつけマスコミの寵児《ちょうじ》だけに、毎週たくさんの取材の依頼が来る。トランプの秘書は少なくとも、毎週20件の依頼を断っている。そしてインタビューの時間も可能な限り短時間で終えるようにする。理由はこうだ。

「こうして制限しないと、マスコミを相手にしゃべるだけで一生が終わってしまいかねない」

同様にトランプはある著名人にさえ3分間のプレゼンテーションの時間しか与えなかったことがある。本来は断ってくると思っての提案だったが、その著名人はすばらしいプレゼンテーションをおこなうことで一緒に仕事をすることになったという。

内容のない長話は、たちの悪い迷惑メールを延々と送りつけられるようなものだ。迷惑メールなら削除もできるが、おしゃべりを止めるのはむずかしい。トランプは言う。

「ビジネスは自分の考えを思いつくままに口から垂れ流す場ではない。何をするにせよ、短く、早く、単刀直入《たんとうちょくにゅう》を心がけよう」

もし若いビジネスマンなら、5分でプレゼンテーションをおこなう練習をして、3分で自己紹介をする技を身につけることだ。どうしても必要なもの以外は大胆にカットすればいい。短く簡潔な話は聞き手の時間を大切にすることだ。

相手の時間を大切にする人にはみんなの信頼も集まることになる。

頭のいい知り合いはたくさんいるが、プレッシャーにうまく対処できる知り合いはあまりいない。

人生にはたくさんの問題が待ち受けている。ましてビジネスともなると、順風満帆《じゅんぷうまんぱん》に物事が進むことよりも、問題に対峙《たいじ》しているほうが多いときだってきっとある。

スポーツでもそうだが、そんなプレッシャーのかかる瞬間にとてつもない力を発揮する人間もいれば、プレッシャーで押しつぶされそうになり、本来持っている力の何分の一しか出せない人間もいる。

アスリートが「楽しむ」という言い方をするが、本当の「楽しむ」はこうしたすさ

プレッシャーを楽しむ法

まじいプレッシャーの中で戦えることを「楽しい」と感じる人こそが「楽しむ」人なのだろう。

「人生で何かを成し遂げたいなら、プレッシャーを上手にあしらう必要がある」というのがトランプの考え方だ。トランプはウォートン校（ビジネススクール）の出身だけにIQの高い人間や、成績がオールAの人間もたくさん知っている。ところが、そんな天才や秀才の中にもプレッシャーで手も足も出なくなる人が結構いるという。

ある同級生は会計コンサルタントの会社でなかなかの給料を貰《もら》っているが、多額のローンを組んで自宅を購入した途端、極度のストレスのために夜も眠れなくなってしまった。また、ある著名な経営者はトランプと共同で投資をおこなったところ、そのことが心配でそれまでの豪胆《ごうたん》さのかけらもなくなってしまったという。

これでは大成功は望めない。トランプは言う。

「頭のいい知り合いはたくさんいるが、プレッシャーにうまく対処できる知り合いはあまりいない」

難局への立ち向かい方を見れば、その人について多くのことがわかる。「死ぬわけではないと思えば、あなたはもっと強くなれる」はトランプの好む格言の一つである。

プレッシャーさえも楽しむのがトランプの流儀である。

イランとの交渉は、ハドソン川のほとりに四方80キロが見渡せる高層ビルを建設する交渉を始めたのが、隣の壁しか見えない3階建てのビルをつくる認可しか得られなかったようなものだ。

トランプによると交渉の極意《ごくい》は優位に立って取引することだという。そして最もやってはいけないのが次のことだ。

「取引で禁物なのは、何が何でもこれを成功させたいという素振りを見せることだ」

トランプにとっていい交渉というのは「お互いの利益」ではなく、「自分の利益」をほとんど総取り的に手にすることだ。そのためには、「何が何でもこの交渉を成立させないと」という必死な素振りを見せるのではなく、「決裂したら困るのはそちらでしょ」というくらいの余裕を見せ、相手が「何とかお願いします」と言うのを待つことだ。

そんなトランプの目から見ると、2015年におこなわれたアメリカとイランの核協議は「最低の交渉」となる。オバマ大統領はイランとの交渉に「自らの後世の評価」を懸《か》けており、制裁を受ける立場のイラン以上に「交渉をまとめたい」という気持ちが強すぎた。イランはこうしたオバマ大統領の「焦《あせ》り」を利用して自らに有利な交渉をまとめあげたというのがトランプの主張である。

アメリカにとって得るものが少なかったとする交渉をこう評した。

「奴らに金を払った（資産凍結の解除）上にひどい取引を押しつけられたのだ。私のビジネスで言えば、ハドソン川のほとりに四方80キロが見渡せる高層ビルを建設する交渉を始めたのが、隣の壁しか見えない3階建てのビルをつくる認可しか得られなかったようなものだ」

最も交渉を成立させたい側は、得るものもいちばん少なくなる。ビジネス同様に、外交交渉にも最高の交渉人を充《あ》てなければならないというのがトランプの主張である。

トランプの名前がない場所は米国のどこにもなくなった。

「建設のことならトランプに聞くことだ」がトランプのセールストークの一つである。トランプの名前を世に知らしめたのは、かつて誰も住みたいとは思わないほどに治安が悪化していたニューヨーク、特にマンハッタンのイメージを大きく変えてしまったことだろう。

のちにグランドハイアットホテルとして再生されたペン・セントラル鉄道が所有する古いホテルは赤字を続け、何年も前から税金を滞納するようなひどい物件だった。その周辺は荒廃《こうはい》し、ホームレスが寝転がっているような「たいていの人にとっては気が滅入るような光景」だったというが、トランプはこうしたホテルや地区を見事に再生している。

そしてマンハッタンにいくつものビルを建ててもいる。それはトランプの誇《ほこ》りでもある。トランプは言う。

「かつて、ハドソン川を見下ろす位置に何に使うべきか人々の頭を悩ませていた巨大な操車場があった。今、その辺をドライブしてみると、数千戸の壮麗《そうれい》なアパートが見える。それらのビルには皆同じ名前がついている。『トランプ』だ」

トランプの名前のつく建物はマンハッタンだけではない。トランプによると、ニューヨーク、ハワイ、フロリダ、ワシントンなど9つの州にトランプと名のつくビルがあり、海外10ヵ国にもトランプのビルがある。ほかにもトランプの名前がつくゴルフクラブがたくさんあるし、ホテルなどもある。

こうした数々の建物を持つトランプは2007年1月にはハリウッドのウォーク・オブ・フェイムに名前を刻《きざ》んでもいる。このとき、著名なコメディアン、ジェイ・レノはこう言ったという。

「これで決まりだ！　トランプの名前がない場所は米国のどこにもなくなった」

トランプが「自分の名前をブランド化できる」数少ない不動産業者であることは紛《まぎ》れもない事実である。

私は、ニューヨーク市の大きな建築プロジェクトを女性に担当させた最初の開発業者でもある。

トランプほど自分の「美女好き」を公言する候補者も珍しい。3度の結婚相手に選んだのはモデルや女優であり、美女好きがこうじてか、1996年には「ミス・ユニバース機構」を買収してもいる。

建物も女性も美しいものが好きというのがトランプである。一方で選挙戦でもトランプほど女性に嫌われている候補者も珍しい。アカデミー主演女優賞を2回も受賞したメリル・ストリープはトランプそっくりのメイク、体形にしゃべり方やしぐさまで真似てニューヨークの野外演劇祭に登場、こんな言葉を口にした。

毒言暴言54 「美女好き」の言い分

「教えてほしい。なぜ女性たちはみんなノーと言うのか」

ストリープはトランプの好きな女優の一人だけにこの言葉にショックを受けたかもしれないが、いずれにせよトランプの女性への接し方はしばしば批判を浴びている。

そんな声にトランプはこう反論している。

「女性に対する私のポジティブな思いは、私の会社で働く女性の数に表れている。私は、ニューヨーク市の大きな建築プロジェクトを女性に担当させた最初の開発業者でもある」

建築や土木の世界は今でも男性中心の世界である。80年代、90年代に女性を抜擢《ばってき》したとすればかなり先進的な取り組みと言っていい。実際、トランプタワーの現場監督を任《まか》されたのは当時33歳のバーバラ・レスである。トランプはこうも言っている。

「私は、自分の今までの女性への接し方を、これ以上ないほど誇《ほこ》りに思っている」

たしかにビジネスではそうかもしれないが、共和党の指名を争う女性候補者カーリー・フィオリーナ（ヒューレット・パッカード元CEO）への「あの顔を見てみろ！　誰が投票するっていうんだ」はひどすぎる。

最も美しい女性が好きで、最も女性から嫌われるというトランプにとって大統領選の勝敗の鍵《かぎ》を握るのは案外女性票になるかもしれない。

もし誰かが俺にトマトを投げようとしていたら、そいつをぶったたけ。

トランプのモットーの一つは「必ず借りを返せ」だ。日本でも一時期有名だった女性実業家のマーサ・スチュワートが「ジ・アプレンティス：マーサ・スチュワート」という番組の司会を始めたとき、トランプは本家「ジ・アプレンティス」の司会者として宣伝に一役買ったものの、スチュワートの番組はうまくいかなかった。

トランプによるとスチュワートに番組のヒットに必要な資質が欠けていたことが原

因だが、あろうことかスチュワートは宣伝を買って出たトランプに責任を転嫁《てんか》したという。感謝されこそすれ非難される理由はなかった。トランプはすぐに反撃に出て、「番組失敗の責任はひとえに君自身にある」と酷評《こくひょう》した。

誰かになめた真似をされたら、倍返しどころか「十倍返し」しろというのがトランプの考え方だ。選挙戦でもトランプは同様の「借りを返せ」を主張している。トランプの集会には反トランプを訴える抗議者が押しかけることも多かった。結果、選挙集会が中止になることもあったが、こうした行為に対してトランプはこんな言葉を口にした。

「もし誰かが俺にトマトを投げようとしていたら、そいつをぶったたけ。約束する。(殴って訴えられたら)俺が弁護士費用を払ってやる」

実際、ある集会でトランプの支持者が抗議活動家にパンチを食らわせる事件が起きたとき、トランプは本気で弁護士費用の肩代わりを検討したという。

ビジネスの世界での「借りを返せ」はともかく、選挙戦での行きすぎた「借りを返せ」は言論の自由とも関わるだけに問題にならないとも限らない。それでもトランプにとって「批判者が抗議してきたら、私はやり返す」、それも「倍返し」というのが変わらぬ鉄則なのだろう。

私は唯一正しいと感じたことをした。わめきちらしたのだ。

我を忘れてわめきちらすことと、演技としてわめきちらすことには大きな違いがある。まだトランプが父親と不動産事業を営《いとな》んでいた頃、トランプはオハイオ州シンシナティにあるスウィフトン・ヴィレッジという団地を購入した。

1200戸の大型団地だが大半は空き家で抵当流れ物件のリストに載《の》っていた、一種の不良物件だが、トランプと父親はその団地を手入れして優良物件に再生することに成功した。

この団地の管理者にアーヴィング（仮名）を雇ったところ、問題も多かったが有能さも発揮した。アーヴィングは団地の家賃を払わない入居者を訪ね、入居者が顔を出すと突然、顔を真っ赤にして、思いつく限りの罵詈《ばり》雑言《ぞうごん》を浴びせ、ありとあらゆる脅《おど》し文句を並べ立てたという。

あくまでも演技である。しかし、その効果はめざましく、ほとんどみんなが家賃を払ったという。なかには怪物のような大男もいたが決してひるむことはなかった。そんなアーヴィングを見て、トランプはこう思った。

「恐れてはならない。するべきことをする。一歩も引かず堂々と立ち向かう。そうすればなるようになるのだ」

後年、トランプは長年支援してきたある政治家に一つの依頼をしたところ、丁寧《ていねい》にだが「ノー」と言われた。トランプは思いつく限りの罵詈雑言を浴びせかけた。

「くそったれ！　こんな恩知らずは初めてだ。地獄へ堕《お》ちろ」

あまりの大声に隣から何人かの社員が駆けつけたほどだが、トランプは「どケチで、政治家失格で、友だちを平気で裏切る奴さ」と平然と言い切った。なぜそんな言葉を口にしたのか。トランプは言う。

「私は唯一正しいと感じたことをした。わめきちらしたのだ」

「正しい」と信じるなら、時に怒鳴りつけ、わめきちらすのも一つのやり方だ。そうすればなるようになるというのがトランプの考え方だ。

私はいかなる握手も認めない。

選挙でお馴染《なじ》みのものの一つが候補者と有権者の握手である。支持者の中には候補者と握手することを喜ぶ人もいるだろうが、候補者はそんなことはお構いなしに有権者と次々と握手を交わすことで支持を集めようとする。

ところが、トランプは大の握手嫌いで知られている。ビジネスに関しては「握手」の効用をしばしば口にしている。「握手＝契約成立」であり、たとえ契約書を交わしていなくても、お金を払っていなくても「握手を交わした以上は、取引は成立だ」といった誠実さがビジネスには欠かせないと明言している。

しかし、実生活におけるトランプは、握手をするくらいなら「日本のようにお辞儀《じぎ》の習慣があればいいのに」と言うほどの握手嫌いだ。こう話している。

「私はいかなる握手も認めない。とんでもない習慣だ」

理由は、見るからに体調の悪い人が、「トランプさん、握手してください」と近寄ってくるとか、レストランのトイレから出てきた人などから「あなたは最高にすばらしい方です。握手していただけませんか」と言われるといった悪夢のような経験をするからだ。

こうした人たちの握手を拒《こば》めば、間違いなく「悪口」を言われ続けることになる。かといって、握手をしてしまえば、手についているであろう風邪やインフルエンザの菌、トイレから運んできた菌が手に付着することになる。大いに悩むところだという。

もっとも、実業家トランプなら握手を拒むこともできるが、選挙の候補者となるとそうはいかない。

そのため最初は握手を拒んでいたトランプも選挙戦が進むにつれて握手もするようになった。主義主張の変更と言えるが、握手をしたあとには執拗《しつよう》な手洗いでもしているのだろうか。

私はこれを真実の誇張《こちょう》と呼ぶ。

トランプは宣伝の名手と言っていい。トランプタワーはたしかに豪華な建物だが、世界中の有名人たちが高いお金を払ってでも手に入れたいと思うためには、建物のすばらしさに加え、さまざまな演出や圧倒的なイメージづくりが欠かせない。

トランプタワーの販売に一役買ったのが、当時世界で最も有名なカップル、チャールズ皇太子とダイアナ妃がトランプタワーのアパートを買ったという噂《うわさ》である。ある記者からその真偽《しんぎ》を聞かれたトランプは「アパートの販売については一切コメントしない」と答えている。つまり、噂を肯定も否定もしなかった。

バッキンガム宮殿の答えも同様だった。結果、二人が購入を検討中という記事が世界各国の新聞に掲載されることになったが、もちろんそんな取引は最初から存在しなかった。では、トランプは嘘《うそ》をついたのかというと、肯定も否定もしておらず、記者が勝手に誤解したということになる。

宣伝にはある程度の誇張がつきものだ。トランプは言う。

「私はこれを真実の誇張と呼ぶ。これは罪のないホラであり、きわめて効果的な宣伝方法である」

トランプはこうした「真実の誇張」をよく使う。グランドハイアットホテルの建築にあたり、トランプが建築家に依頼したのは「なるべく図面に金をかけたように見えるようにしてくれ」だった。市当局や銀行などに見せるとき、金をかけた図面は効果的だったからだ。

またアトランティックシティでのカジノホテルの建設にあたってはホテルの運営を検討中のホリデイ・インの重役の視察に備え、まだ手つかずの建築現場にありったけのトラックやブルドーザーを集め、「世界一活発な建築現場」を演出している。結果、重役たちは最高の敷地と確信、トランプと提携することになった。

トランプは「真っ赤な嘘」は好まない。しかし、小さな真実を元にした「真実の誇張」は得意だ。それが人の心を引きつけ、湧《わ》き立たせる力になる。

政治家は自分の懐《ふところ》が痛むわけではないから、経費の問題には大して関心がない。

どんな政治家でも「自分のお金」なら使い方をトコトン考えるはずだが、それが「他人のお金」となると途端に使い方が雑になる。政治資金であるにもかかわらず公私混同をしたり、ホテルはスイートルーム、飛行機はファーストクラスになってしまう。おそらくはもしそのお金を「自分で払ってください」と言われれば、決してこうした選択はしないはずだ。

ニューヨークのマンハッタンに進出したばかりの頃、トランプは初めて開いた記者会見で、ある市が計画中のコンベンション・センターを自分なら1億1000万ドルで建ててみせると公言した。それは市が見積もっている金額より1億5000万ドル

毒言暴言59 どこまでも納税者の目線で

も低いものだった。

トランプの予想通り、この発言は記者たちを驚かせ、新聞でも取りあげられたが、意外にも政治家の中にこの発言を評価する人は誰もいなかったという。トランプは言う。

「政治家は自分の懐が痛むわけではないから、経費の問題には大して関心がないのだ」

それは低価格の住宅建設で利益を生むために懸命にコストと格闘してきたトランプにとって初めての経験だったが、以来、何度もこの事実を思い知らされることになったという。選挙戦でもトランプは「他人の金を湯水の如《ごと》く使う輩《やから》を『上院議員』と言う」と激しく攻撃している。

トランプがプロジェクトを進めるとき、そのお金はトランプのポケットから出る。もちろん儲《もう》けも入ってくるが、もし適正なコスト管理を怠《おこた》ればあっという間に赤字になってしまう。そんなトランプから見れば、政府のお金の使い方は無茶苦茶だ。政府は本来、誰がよい仕事をするかを知り、適正価格はいくらかを知り、どうすれば安くてよい仕事ができるかを知ることが必要だが、それを怠ることで「税金をムダに」している。

「税金をムダにするな」「経費に関心を持て」はトランプに限らず、多くの納税者の主張である。

負け惜《お》しみを言う奴は負け犬だ。

　トランプが大統領選挙に本気で出馬することを決めた理由の一つは、期待をして、莫大《ばくだい》な金を援助してやったにもかかわらず、何一つ前に進まない政治へのいらだちからだ。トランプは言う。

「候補者たちは皆、新しいアイデアによって状況を変え、政治本来の目的である、自国の防衛と国民優先の政治に絞《しぼ》っていくと約束した。候補者は次々とやってきては、こういう約束をまくしたてた。そして、よくてもせいぜいほんのわずかが実現されるだけだった」

トランプがよく知る不動産ビジネスでも大きなことをまくしたてる奴はいる。しかし、言ったことを実現できなければ、その人間は消え去るのみだ。「口先ばかりで行動しない」人間が「政治家」として存在し続けることがトランプには我慢がならなかった。

聞こえてくるのは「いかにすべてを解決するか」という政治家たちの空虚《くうきょ》な約束ばかりで、山積みの問題は何一つ解決されることはない。あるのは「話だけ」で、「行動」が抜け落ちていた。

トランプはニューヨークのミリタリーアカデミーで学んでいるが、そこで学んだのは「いかにすればリーダーになれるか」であり、最も大切なのは次のことだった。

「負け惜しみを言う奴は負け犬だ」

何かを約束したり、何かに挑戦したけれどもできなかったとき、「できない言いわけ」をいくら上手にしたところで何の意味もない。そんなものはただの「負け惜しみ」だ。大切なのは、言ったこと、約束したことを着実に実行することであり、そうすることで初めて人は「勝者」になれるというのがトランプの考え方だ。

相手が私にどう接するかが、そのまま私の相手に対する接し方になることもある。これを私はフェアプレーと呼んでいる。

トランプは非常に攻撃的な人間と思われているが、一方で「誰かに助けてもらったら、必ずお礼を言いなさい。これは人生の基本中の基本だ」と話しているように「感謝の心」を大切にする人間でもある。

「私たちには誰でも、感謝すべきことがたくさんある」というのがトランプの考え方だ。とはいえ、世の中には感謝の念を忘れた恩知らずもたくさんいる。トランプは何度も何度も擁護《ようご》したにもかかわらず、感謝の手紙一本よこさない相手に対しては一切容赦《ようしゃ》はしない。トランプは言う。

「私のモットーは『必ず借りを返せ』だ」

相手が自分を助けてくれたならお礼を言って感謝の気持ちを忘れないが、もし誰かにひどい目にあわされたなら、徹底的に反撃しなければならないというのがトランプの流儀である。

本来、ひどい目にあわされても寛容《かんよう》の精神で接するのが立派な大人の態度のような気もするが、トランプはきっぱりと否定している。こう話している。

「相手が私にどう接するかが、そのまま私の相手に対する接し方になることもある。これを昔から言う『目には目を』方式と呼ぶ人もいるが、私はフェアプレーと呼んでいる」

自分は何をしてもいいが、相手には許さないのもダメだが、相手は何をしてもいいが、自分は耐え忍ぶというのはフェアではない。いじめっ子に対処するには殴り返して、相手が何をしているかをわからせることが必要だ。これがトランプの言うフェアプレーの精神だ。

問題をつくり出した政治家に頼っても、問題は解決できない。

トランプが簡単な物件よりも厄介《やっかい》な物件を好むのは、むずかしい問題があればあるほどライバルは減り、かつ自分の望む条件で手に入れることができるからだ。そこにあるのはどんな厄介な問題でも自分なら解決できるという自信である。

トランプによると問題を前にしたときの人の対応は二つあるという。一つは問題を

毒言暴言62 厄介な物件を好む理由

「勝つべきゲーム」とみなして、問題解決に集中する人と、もう一つは問題を「重荷」とみなして、問題を避けて通りたいと考える人たちだ。

では、政治家はどうなのか。本来、政治家がやるべきは目の前にあるたくさんの問題の解決に率先《そっせん》して取り組むことだが、政治家にはある欠点がある。トランプは言う。

「ほとんどの政治家は、議論を呼びそうな問題には近づきたがらない」

政治家は票につながりやすい問題には積極的に取り組むものの、意見が大きく割れるとか、大きな議論を巻き起こすような厄介な問題は避けるか、あるいは次の時代へと先送りしようとする。これでは、大切だけれども意見の割れる、解決に時間のかかる問題が解消される可能性はほとんどない。

トランプは民主党の大統領候補にヒラリー・クリントンが決まったとき、クリントンは既成政治の象徴であるとしてこう批判した。

「問題をつくり出した政治家に頼っても、問題は解決できない」

現在の問題をつくり出したのは長く政治の世界にいたプロの政治家たちである。そんな政治家が自分たちの基盤を危《あや》うくするような問題を本気で解決するはずがない。

問題を解決するためには問題を「勝つべきゲーム」として果敢《かかん》に取り組むことのできる、しがらみのない自分だけというのがトランプの主張である。

いちいちノーに耳を傾けていたら、成功などおぼつかない。

新しい何かをやろうとする人の前にはたくさんの「ノー」が満ちあふれている。若い社員が何かを提案すると「そんなことは前にもやったけどダメだった」とか、「それをやって失敗したらどう責任を取るつもりだ」といった言葉が返ってきて、結局「やれずじまい」になってしまう。

毒言暴言63　ノーと言われても突き進む

これでは新しい何かが生まれるはずはない。トランプも数々の「ノー」を経験している。マンハッタンに進出しようとしたトランプがコモドアホテルの買収を進めていたとき、父フレッドはこう考えていた。

「クライスラー・ビルでさえ管財人の手に委《ゆだ》ねられているという時期にコモドアを買うなんて、タイタニックの切符を苦労して手に入れるようなものだ」

当時、ニューヨークという街は絶望的な状況にあり、みんなが今後さらに悪くなると考えていた。そんなときに荒れ果てたコモドアホテルを買うなど正気の沙汰《さた》とは言えなかった。そしてグランドハイアットホテルの建設に際しても、「周辺の建物との調和を無視している」と強烈な反対を受けている。

しかし、トランプはこうした「ノー」を無視してプロジェクトを進め、大成功をおさめることになった。トランプは言う。

「98%の人々はノーと言われたらやめる、という条件反射を身につける。しかし、途中でやめてしまえば何も成し遂げられない。いちいちノーに耳を傾けていたら、成功などおぼつかない」

成功を望むなら、ノーという言葉を無視する習慣を身につけなければならない。ノーと言われても正しいと信じる道を突き進む。それがトランプの流儀である。

最高の人材を雇え。ただし、決して彼らを信用するな。

アメリカの経営者の多くがそうであるように、トランプもAクラスの人材へのこだわりがとても強い。Aクラスの人材だけでチームをつくれば、最高の仕事ができるが、そこに間違ってBクラスやCクラスが交《ま》ざってしまうとたちまちに「バカの増殖」が起きるというのがアメリカ的な考え方だ。

トランプは採用に関してはこう明言している。

毒言暴言64 2割しか信じない

「最高の人材しか雇わない」

マネジメントは雇う人間を慎重に選び、可能な限り最高と呼べる人材を揃《そろ》えればぐっと楽になる。反対に経営者が一流でも、社員が二流だと会社はうまくいかないし、一流の社員が揃っていても経営者が無能だとやはり力を発揮するのはむずかしい。

会社経営でも、プロジェクトでもすぐれたリーダーとすぐれたメンバーが揃うことで初めて成果は上がることになる。こう考えるトランプは当然、採用でもプロジェクトでも最高の人材を雇おうとするが、だからといって最高の人材を１００％信用することはしない。トランプは言う。

「私は業者の言うことは2割しか信じない。それでもいいほうだ」

最高の人材だからと信じ切ってしまうと痛い目にあう。最高の人材を使いこなすためには十分な知識と、しっかりとした管理が欠かせない。それを怠《おこた》って安易に任《まか》せ、安易に頼り切ると何が起きるか。人は時として意地悪くなり、時として卑劣《ひれつ》になり、時として人を傷つけるというのがトランプの考え方だ。トランプは言う。

「最高の人材を雇え。ただし、決して彼らを信用するな」

パナソニックの創業者・松下幸之助《まつしたこうのすけ》氏の「頼むのでもなく、任すのでもなく、使うこと」こそが最高の人材との働き方には重要なのだ。

評論家が不動産開発を手がけたら、慘憺《さんたん》たる結果になるだろう。

評論家というのはその道の権威者であり、みんなから尊敬されている評論家も少なくない。しかし、一方で評論家の言うことをすべて信じていればうまくいくのかというと、もちろんそうではない。

なかには評論は得意でも実際に何かをつくりあげるとか、生み出すとかは苦手《にがて》という人ももちろんいるはずだ。「世界一の投資家」と呼ばれるウォーレン・バフェットはしばしば金融のむずかしい学説や理論を「たわごと」と切り捨てる。そのため、著名な学者たちから批判されることも多かったが、そんなときにはこう反論した。

「君たちは優秀かもしれないが、じゃなんで私が金持ちになったんだい？」

バフェットにこう言われては、学者も評論家も黙るほかはない。トランプも評論家の言葉を本気で取り合おうとはしなかった。評価してくれる評論家の言葉には耳を貸すが、それ以外の評論家の言葉は気にしない。理由は評論家が「互いに相手を感心させるために評論を」書き、「流行に左右される」からだ。

あるときにはガラスのタワーをほめちぎったかと思うと、次の週には古きよき時代の建築をほめそやす。トランプ自慢のトランプタワーに関しても、最初は懐疑的な見方をしていたが、大衆に大いに受け、最高の売れ行きを見せると最後には絶賛するようになったという。トランプは言う。

「大衆が何を望んでいるかがわかる評論家はほとんどいない。もし彼らが不動産開発を手がけたら、惨憺たる結果になるだろう」

「君はつくる側か、それとも批判する側か」はスティーブ・ジョブズの言葉だが、何かをつくりあげるためには「批評するだけ」とは別の能力が必要になる。

学位は何の証明にもならない。だが仕事をする相手の多くは、これをいたく尊重する。

学校の成績や学位の持つ意味についてとてもよく言い当てているのがマネジメントの父、ピーター・ドラッカーの次の言葉である。

「歴史の本には、学校の成績は優秀だったが、人生では何もできなかった人たちのことは出てこない」

学校の成績は悪くていいわけではないが、ただよければいいというものでもない。

大学なども一流大学に行ったというただそれだけで将来が約束されているわけではない。学校の成績やどこを卒業したかと、社会に出てからの成果は別物だ。

トランプはニューヨーク・ミリタリーアカデミーを卒業後、最初にブロンクスにあるフォーダム大学に進み、次にペンシルバニア大学のウォートン校（ビジネススクール）に学んでいる。ファイナンスやマーケティング、マネジメントを学ぶビジネススクールとしては全米屈指《くっし》の名門校である。

トランプはここで人生に必要ないくつかのことを学んだという。一つは「学業成績にあまり感動してはいけない」ということだ。同校には学業成績の優秀な学生がたくさん集まってくるが、トランプにとって彼らは恐るべき人たちではなく、十分に張りあうことのできる人たちだった。

そしてもう一つ学んだのは「学位」の価値だった。トランプは言う。

「私に言わせればそんな学位は何の証明にもならない。だが仕事をする相手の多くは、これをいたく尊重する」

学位を得たからといってずば抜けて優秀なわけでもないし、社会での成功が約束されているわけでもない。成功には努力が欠かせない。しかし、権威ある学位は相手の信頼や尊敬を勝ち取る武器にはなる。学位の価値はその一点にしかない。

私は彼らに、いっときも休まず働いてもらいたいと思ってる。

成功者にはハードワーカーが多い。電気自動車のテスラモーターズCEOのイーロン・マスクなど起業家は週に100時間以上働けと言うほどのハードワーカーだが、彼らが始末が悪いのは「自分も働くから、みんなも働けるはず」と勝手に決めつけているところだ。

それはトランプも同じだった。自分はベストを尽くすから、みんなにもそうしてもらいたいと考えるし、自分は社員以上に働くから、社員もそのつもりで働いてもらいたいと考えている。結果、何が起きるか。

ある日曜日の朝、建物の設計を依頼している建築家の家に電話して、建築家を叩《たた》き起こしたばかりか、こう言った。

「いい考えが浮かんだ。40分後にオフィスで会おう」

トランプに言われた建築家はどうしたか。もちろん日曜日なのに出かけていった。

あるいは、トランプタワーの建築中には、電話での打ち合わせや企画のプランニングといった仕事を一通り終えると、すぐに現場に出かけていった。事前の電話連絡などなしだ。理由はこうだ。

「不意に現れて、彼らを驚かせてやりたいのさ。仕事をさぼっていないか、見回りに行くんだ。私は彼らに、いっときも休まずトランプタワーのために働いてもらいたいと思ってるし、彼らもそのことは重々承知のはずだからね」

契約した以上、フルに働くのは当たり前のことだった。トランプはたしかにハードワーカーだが、トランプと一緒に働くということはさらなるハードワークを求められる。

現在のよい時期は、過去の激務と献身の賜物《たまもの》だ。今日の行動が明日の結果をつくる。

「最強の企業も、未来に対する働きかけをおこなっていなければ苦境におちいる」はピーター・ドラッカーの言葉である。

今日、大企業であるということは過去にすばらしい取り組みをおこない、すばらしい成果を上げ続けたからにほかならない。成功した企業や成功した人というのは、みんな過去の成功があるからこそ今があると言っていい。

問題はその先にある。時代は絶えず変化しており、現在に安住してしまうと、たちまち取り残されてしまう。そうならないためには成功している今というこの時期から未来に向けてたくさんの努力、たくさんの工夫をしなければならないというのがドラッカーの教えである。

トランプも同じ考え方だった。

80年代に大成功をおさめ、集中力が衰《おとろ》えた途端にトランプは苦境におちいっている。そこから見事に復活はしたものの、だからこそ「よい時期」を継続させたいなら、1分も気を抜くことなく、1日も欠かすことなく「よい時期」の種をまき続けることが必要だと考えるようになった。

トランプは言う。

「現在のよい時期は、過去の激務と献身の賜物だ。今日の行動が明日の結果をつくる」

少しぐらいの成功に気をよくして、満足して休んでいると、あっという間に坂道を転げ落ちてしまう。

どんなによい時期でも、どんなに物事が順調に進んでいても、休むことなど許されないというのがトランプの信念である。

そんなことは悩むまでもない、勝ち目のありそうなほうにつくのがいいに決まっている。

大統領選挙にトランプは共和党の候補として臨《のぞ》むことになるが、もともとのトランプの支持政党は共和党ではなく民主党である。

トランプはニューヨークで生まれ、ニューヨークで育っている。そのため、「ニューヨークでは誰もが実質的な民主党支持者だ」というのがトランプの言い分だ。

反トランプの中には民主党から共和党への心変わりを指摘する人もいる。こうした批判に対してこう反論している。

「私も何年か前、民主党がこの国にしていることに気づき、支持政党を変えた。今の

毒言暴言69 勝ち目のある側につく

私は大きな志《こころざし》を持った保守の共和党員だ。私は共和党に入ろうと決心したわけではない。私はもともと、共和党的な人間だったのだ」

トランプの政治的価値観はともかく、トランプの「支持」に関する考え方はとてもはっきりしている。あるとき、不動産デベロッパーとして成功したエイブラハム・ハーシュフェルドが政界入りについて電話をかけてきた。

当時のニューヨーク州知事クオモの副知事候補として立候補したところ、候補者として不適格としてはずされてしまった。

ハーシュフェルドの相談というのは、このままクオモを支持するか、それとも支持政党を変えてでも対抗馬(共和党)につくかどうかだった。トランプの答えは明快だった。「そんなことは悩むまでもない、勝ち目のありそうなほうにつくのがいいに決まっている」

当時、クオモの再選は確実視されていた。にもかかわらず、勝者を見限って敗者につくのは馬鹿げている。「敗者より勝者の側につくほうが得ではないか」がトランプの考え方だった。

トランプが目指すのはいつだって敗北ではなく勝利である。「勝ち目のあるのはどっちか」というのがトランプの判断基準である。

政治家というのは、善人として振る舞いたがる。

政治家というのは権力闘争の場合はともかく、法案をつくるといった場面では決して悪意の塊《かたまり》ではない。そこには「国のため」「国民のため」といった善良な考えもあるだろうし、「よかれ」と思って決断もしているのだろうが、そんな「善意」が時に混乱を引き起こすというのがトランプの考え方だ。

トランプが指摘するケースは二つある。一つは古い建物に使われていたアスベストの除去である。アスベストはすぐれた耐火材としてかつてほとんどの建物に使われていたが、アスベストの引き起こす健康被害などもあり、アスベストを除去して、それに代わる耐火材を使用することが法律によって決められた。

当然、トランプの仕事も大きな影響を受けた。アスベストを除去する膨大《ぼうだい》な作業と、廃棄物処理場に運んで処理する手間やコスト、危険性などを指摘したうえでトランプは政治家をこう指弾した。

「いつもそうであるように、政治家というのは、善人として振る舞いたがる」

「善人」としての政治家が不動産ビジネスに大きな打撃を与えたのはもう一つある。1980年代に過熱した不動産ブームを「冷ます」必要を感じた政治家たちは1986年に税公平財政節度法（TEFRA）を制定、不動産投資を活発化させていた節税メリットを奪い、かつ過去に遡及《そきゅう》する規定まで盛りこんだことで多くの不動産会社を苦境に追いこむことになった。

日本でも1990年に大蔵省が打ち出した土地関連融資の総量規制がバブル崩壊の引き金を引いたように、不動産ビジネスの崩壊は経済そのものに大きな打撃を与えることになる。「過熱」を少し冷ましたいというのがこうした法律や規制の「よき意図」だったのかもしれないが、たとえ善意からでも影響は大きすぎた。トランプはこのときもビジネスを知らず、長期的視点を持たない政治家の「善意」を厳しく指弾した。

政治家に求められるのは「善人」かどうかではなく、将来を正しく見通す視点である。長期的視点を持たない無知な善人ほど、たちの悪い者はいない。

私は純金のような人々に当たったこともあれば、ろくでもない輩《やから》が来てしまったこともある。

トランプは長くビジネスの最前線で活躍してきただけに、社員や取引先、金融機関、さらにはエンターテインメントの世界の人たちなどに関しては相当な経験を積んできた。そんな経験を通して学んだことの一つは「新しく人を雇うのは毎回ギャンブルである」ということだ。

詐欺師でない保証はどこにもない

当然のことながら採用にあたっては「最高の人材」を雇うことを心がけている。ところが、現実には採用した人間がどんな人物なのかは面接や職務経歴書だけでは絶対にわからない。経歴は立派だが見かけ倒しの人もいれば、経歴はぱっとしないが、いざ働き出してみるとすばらしく優秀な人もいる。

トランプは言う。

「私は純金のような人々に当たったこともあれば、ろくでもない輩が来てしまったこともある」

こうした経験をしているだけに、トランプは「人に対しては疑うまではいかなくても慎重になろう」と考えている。あまりに人を信用しすぎると、手ひどい裏切りにあうこともある。人を採用するときは、無能なだけでなく信用もおけない連中を採《と》ってしまうこともある。もちろん純金のような社員に出会えることもあるが、「自分は大丈夫」とあまりに過信してしまうと、夢にも思わなかったことをされて驚くこともある。

どんなに立派な経歴や地位があったからといって、その人が「悪質な詐欺師《さぎし》ではない」という保証はどこにもないというのがトランプの人に対する考え方だ。

雇うなら常に最高の人材を雇え。ただし、採用した人間の言動を「目と耳を使って観察しろ」というのがトランプの流儀である。

自分に対する他人の評価、とりわけマスコミの評価を決して信じてはいけない。

スポーツの世界で気をつけなければならないことの一つは戦う相手の「前評判」に恐れをなして、戦う前から「どうせ勝てるわけがない」と戦意を喪失《そうしつ》してしまうことだ。たしかに新聞などが報じている通り、相手の強さは群を抜いている。かといって、それを鵜呑《うの》みにして最初からあきらめてしまっては「ジャイアント・キリング（番狂わせ）」など絶対に起こるはずがない。トランプがこんな事例を紹介している。

２００６年、大学のフットボール界でオハイオ州立大学が圧倒的な強さを発揮、マスコミも「常勝軍団」「史上最強のチーム」ともてはやしていた。一方、ＢＣＳ（Bowl

Championship Series）ボウルで同校と対戦するフロリダ大は「惨敗確実《ざんぱい》」と書きたてられた。

結果はフロリダ大の圧勝だった。理由はこうだ。

「実のところ、両校の実力は拮抗《きっこう》していた。一つだけ違っていたのは、オハイオ州立大がマスコミを信じ、フロリダ大が信じなかったという点だ」

マスコミ評を信じ切ったオハイオ州立大は圧勝を信じこみ、集中力を失っていたのに対し、フロリダ大は宣伝を信じることなく勝つために最善の練習を積み重ねた。その結果がマスコミの前評判を覆《くつがえ》す勝利につながった。

トランプの社員の中にも「ジ・アプレンティス」への出演によって名声に酔いしれ、仕事を疎《おろそ》かにするようになった社員がいるというが、トランプはその社員に躊躇《ちゅうちょ》なく解雇を言い渡している。

理由はかつてトランプ自身もマスコミの高すぎる評判にいい気になり、集中力を失った苦《にが》い経験があったからだ。トランプは言う。

「よいことであれ悪いことであれ、自分に対する他人の評価、とりわけマスコミの評価を決して信じてはいけない」

周囲の高い評価にいい気になり集中力を失った結果、大失敗をしたところで周囲は決して助けてはくれない。マスコミや他人の評価ほど無責任なものはない。

後《おく》れを取る人間を入れるわけにはいかない。

強いチームをつくるうえで大切なのは高いレベルの人間を集めることで、そこに能力の劣る人間やネガティブな人間、流れについてこられない人間を入れてはいけないというのがトランプの考え方だ。

たとえば、ネガティブな考え方をする人間を雇ってしまうと、「一つの腐《くさ》ったりんごは樽《たる》の中のりんごすべてをダメにする」恐れがある。ネガティブな人間はネガティブ

毒言暴言73 一つの腐ったりんごがすべてをダメにする

な感情を会社中に伝染させ、ポジティブな社員がいくらがんばってもダメなほど強い伝染力を持っている。

では、トランプはどんな人間を好むかというと、たとえば「仕事の早い人」を望んでいる。どんな膨大《ぼうだい》な情報も短く、簡潔に、わかりやすく説明する能力は、膨大な量の仕事をこなすトランプにはとてもありがたい能力となる。

あるいは、トランプ自身がハードに働くだけに、同じ倫理観を持つ、同じようにハードに働く人間を好んでもいる。なぜこうした早さやハードさ、簡潔さを求めるかというと、理由はこうだ。

「オーケストラの演奏者一人一人が自分のテンポを主張しだしたらどうなるだろうか。不協和音、混乱が起きる。これはビジネスを破綻《はたん》させる原因ともなる。この基本線については全員が一致するようにしよう」

そしてこうも言っている。

「ビジネスはリレー競走に似ている。優秀なチーム、勝てるチームをつくるには、後れを取る人間を入れるわけにはいかない。その人に全員が足を引っぱられるからだ」

勝つためには流れを止める人間になってはいけない。常に全力疾走をしろというのがトランプの考え方だ。

ハードに働くのはかまわないが、頭の悪い働き方をしても何のメリットもない。

トランプはハードワーカーであり、社員にもハードワークを求めているが、それ以上に求めているのは「成果」である。

前にも述べたが、若い頃、トランプはスウィフトン・ヴィレッジという大半が抵当流れの大型団地を手に入れ、その大型団地を再生することで優良物件に変身させることに成功しているが、そこで一人の管理人に出会っている。

その管理人には信用できないおこないもあったが、一方で家賃の取り立てに関しては荒っぽいが効果的な手段を取ることができるなど確実に成果は上げていた。一日に1時間程度しか働かないものの、その成果はたいていの管理人の12時間分に匹敵《ひってき》するほどだった。トランプはこの管理人を見てこう考えるようになった。

「重要なのは仕事にどれだけ時間をかけたかではなく、その間に何を成し遂げたかであることを学んだ」

以来、トランプも同様の姿勢で臨《のぞ》むようになった。トランプの仕事を初めて見た人は「ほとんどの時間、電話でしゃべっているよ」と驚くという。事実、その通りだが、トランプは電話で「無駄話」をしているわけではない。毎日、電話でおしゃべりをしているが、そこから上がる成果は群を抜いている。トランプは言う。

「ハードに働くのはかまわないが、頭の悪い働き方をしても何のメリットもない。ハードに働いているふりをするのは誰にとっても時間と才能のムダ遣《づか》いである」

仕事はどれだけ時間をかけたかや、どれだけ汗をかいたかではなく、どれだけの成果が出たかというただ一点で測られる。

誰かを苦しめる人間というのは、いずれまた同じようなことをしたりする。

トランプにとってマスコミというのは嘘《うそ》や批判記事を頻繁《ひんぱん》に載《の》せる「非礼」な存在だが、同時にこうした嘘や批判記事でさえ「何も書かれないよりはまし」として上手に利用してきたのもトランプである。

とはいえ、何度もひどい目にあえば、さすがのトランプも嫌気《いやけ》がさすようだ。

1980年代半ば、「バニティ・フェア」の編集責任者ティナ・ブラウンという明るくチャーミングな女性から「すばらしいものになる」からと紹介記事の取材に応じたところ、その記事はトランプについて書かれた中で「最悪なもの」となった。

やがて「ニューヨーカー」に移ったティナから再び誘いがあった。再び紹介記事を載せる許可を取ろうと、ティナはこう言った。

「あなたはそれが気にいると思いますよ。とても気にいること間違いなしです」

しかし、掲載された記事はまたもや「嫌悪感《けんおかん》に襲われる」ものだった。トランプはティナに「二度と私に取材を依頼しないでください」という手紙を書き送った。そしてあらためてトランプはこう考えるようになった。

「誰かを苦しめる人間というのは、いずれまた同じようなことをしたりする。同じ過《あやま》ちを三度繰り返してはならない」

一度、騙《だま》された相手からおいしい話を持ちこまれたとき、人は「二度は騙さないだろう」と思いがちだが、人はそれほど正直なものではない。大きな詐欺《さぎ》にあった人は同じような目に二度、三度とあうことが少なくないというが、「誰かを苦しめる人間というのは、いずれまた同じようなことをしたりする」というのは案外貴重な教訓である。

いやいやながらでもその場所にいたことによって、物事をすべて達成することができた。

ビジネスをしていると会議や会合、商談に宴会、パーティーなどあまり気乗りのしない場所に出かけなければならないこともたくさんある。そんなとき、「気乗りしないからやめておこう」と欠席する人もいれば、「仕事だ、がんばって行こう」と自分を奮い立たせる人もいる。

トランプは後者を選ぶことによって何度ものピンチを脱している。ある時期、トランプが進める不動産開発にひどく反対する政治家がおり、それは敵対関係と言えるほどのものだった。そんなある日、友人からその政治家主催のパーティーへの出席の誘いがあった。

気乗りのしない場所でも行く

その日、トランプはフロリダにいたが、わざわざニューヨークに飛び、終了間際の会場に駆けつけた。トランプはフロリダから来てくれたトランプを歓迎、別れるときには親しい友人になったという。以後、政治家はトランプの強い味方になった。

トランプが多額の負債に苦しんでいた頃、2000人もの銀行関係者が集まる銀行家集会に参加するかどうかで悩んだことがある。行けば嫌な思いをするのは目に見えていただけに一度は欠席を決めたが、自宅に戻り「やっぱり行くことにしよう」と思いなおした。会場で隣りあわせたのはトランプが多額のお金を借りている銀行の、しかもいくつもの不動産会社を倒産に追いこんだ銀行員だった。

最初は冷ややかな関係だったが、やがて「無類の女好き」という共通点が見つかり、二人は意気投合、翌日、銀行に出向いたトランプはすばらしい返済計画で合意することができた。トランプは言う。

「いやいやながらでもその場所にいたことによって、物事をすべて達成することができた」

参加すべき場所がいつも楽しい場所とは限らない。しかし、そんな場所に出向き、時に気乗りしない人たちと会う中からすばらしいチャンスが生まれることもある。何事もそうだが、そこにいない限り、決してチャンスを手にすることはない。

誰でも時折、尻を叩《たた》かれることが必要なのだ。

「人がすぐれた仕事をできないのは、たいていの場合、彼らがそう期待されていないからだ」はスティーブ・ジョブズの言葉である。もし上に立つ人間が「そこそこ」の仕事で満足する人間だとすれば、下で働く人間も「そこそこ」でいいんだと考えるようになる。

そんな企業で最高のものなど生まれるはずがない。最高のものをつくるためには上に立つ人間は安易に満足せず、妥協せず、厳しく「ノー」を言い続けることでみんなから限界を超える力を引き出さなければならないというのがジョブズのやり方だった。

トランプも限界を知らない厳しい上司だった。あるプロジェクトで一人の社員が「これで十分だと思いますが」と発言したところ、トランプはその社員を解雇した。それはトランプにとって決して「十分」ではなかった。トランプは言う。

「『これで十分』と思うなら、私の下で働く資格はない。最高を目指してもう一段の努力をする人間を私は求めている」

また別の社員に新規プロジェクトを任《まか》せた際には、「合格点」ではあっても、「物足りなさを感じた」トランプは、「決して悪くはないが、ひらめきが感じられない。このプロジェクトに興味がないのか」と穏《おだ》やかに問いかけた。

プライドを傷つけられた社員は、最初はかっとなったが、後日、あらためて持ってきたアイデアは最初のものとは雲泥《うんでい》の差があったという。トランプは言う。

「誰でも時折、尻を叩かれることが必要なのだ」

上に立つ人間には最高のもの以外には「ノー」と言う勇気が欠かせない。傷つけることを恐れて「そこそこ」で妥協するのはやさしさではない。人は「最高のもの」を期待されるからこそ「最高の仕事」をすることができる。

多くの人たちは何らかの才能を持っている。しかしそれを十分に生かすほどには働いてこなかった。

成功するために必要なものは何か。もちろん幸運に恵まれることで成功する人もいるだろうが、幸運というのは自分の力でコントロールできるわけではない。では、どうすればいいかというと、トランプの言葉は明確だ。

毒言暴言78　成功に必要なものは何か

「普通の家に生まれた人にできるのは、一生懸命働くことだ」

その言葉通りにトランプは不動産ビジネスの世界に入って以来、いつも一生懸命に働いてきたという。ところが、手にした成功の大きさからか、トランプは仕事への集中力を欠き、それ以前に比べて働かなくなってしまった。

そこに起きたのが不動産市場の崩壊《ほうかい》だが、トランプ自身は以前と同じように一生懸命に働いていたら、少なくとも自分には不況はこなかったはずだと考えている。世の中には人並み外れた才能を持ち、幸運も与えられていたはずの人が才能を生かせないままに終わり、一方、才能はなくとも懸命に働くことですばらしい成功を手にした人もたくさんいる。

だとすれば、才能の多寡《たか》以上に、どれだけ一生懸命働くかが成功を左右することになるというのがトランプの考え方だ。トランプは言う。

「多くの人たちは何らかの才能を持っている。しかしそれを十分に生かすほどには働いてこなかったのだ」

何とも厳しい言い方だが、裏を返せば、「一生懸命に働き、少しの才能でもあれば、成功を止めるものは何もない」ということでもある。才能や運を語るよりも、懸命に働けというのがトランプの主張である。

私が何かを知りたいと思ったら、私は必ずその情報を手に入れる。

トランプによると、ビジネスで成功するために重要なのは「自分がしていることに関して一から十まで知り尽くす」ことだ。人が騙《だま》されたり、損害を被《こうむ》るのは「よく知らない」ままにそのビジネスに手を出すからであり、特に不動産ビジネスでは「無知はカモになる」ことを意味している。

だからこそ、トランプは自分が詳しくないビジネス、たとえばゴルフ場の開発やス

毒言暴言79 すべてを知り誰よりもプロになる

ケートリンクの修復などを手がけたときは徹底的に調べ抜くことで、最高の仕事をやり遂げている。そんなトランプにとって、大統領選挙の候補者選びの際に出演したラジオ番組のホスト、ヒュー・ヒューイットのやり口は最悪だった。

ヒューイットはイランの将軍やテロリストの名前を次々にあげて、「あなたは資料なしで彼らが誰だかわかりますか？」と質問をした。トランプにとってこれらは意味のない質問に思えた。同時にブッシュ前大統領やオバマ大統領は選挙期間中にテロリストのリーダーの名前を知っていたのだろうかとも疑問に感じたという。

トランプにとって、「今、知らない」ことに意味はなかった。大切なのは「必要なとき」には完璧に知っていることだ。トランプは言う。

「私が何かを知りたいと思ったら、私は必ずその情報を手に入れる」

かつてスコットランドでゴルフリゾートの開発を決めたとき、トランプはプロジェクトに関連する役人の名前を誰も知らなかったが、着手する頃にはすべてを把握、ほぼ全員に会っていた。

何かを始めようとするとき「知らない」のは許されるが、「知らない」ままに進むことは許されない。何かをやるときには、人はすべてを「知り」、誰よりもプロでなければならない。

私は予測不能な人間でいたいのだ。

大統領選挙に民主党候補として臨《のぞ》むヒラリー・クリントンにとってトランプは何とも戦いにくい相手だという。ともに好感度の低い両者だが、クリントンが最初から本命の政治のプロであるのに対し、トランプはプロの実業家ではあるが、政治の世界では立候補を表明して以来、「もう消える」と言われ続けてきた人物だ。

選挙の予想に長《た》けた賢《かしこ》い専門家が予測ミスを続けるのがトランプであり、政治家としても大統領としても「何をするかは謎《なぞ》」であり、著名な政治学者が「大統領になったら何をするか予測しにくい」と嘆いている候補者なのだ。

そしてトランプ自身、「予測のつかない男」であり続けようとしている。トランプは言う。

「私は予測不能な人間でいたいのだ」

トランプによると、ビジネスでも政治でも「自分の手の内を見せてしまうのは最悪の失策」となる。戦いのさ中に自らの作戦を相手に教えることなどありはしない。

「謀《はかりごと》は密なるをよしとする」という言い方があるように、戦いでも交渉でも相手が「予測不能」であればあるほど厄介《やっかい》な存在となり、有利に事を進めることができる。

にもかかわらず、トランプによると「米国の政治家はしゃべりすぎる」となる。「間抜けか、頭が悪すぎるか」はわからないが、非常に有利な選択肢を持っているにもかかわらず、自分の手の内を見せることでかえって不利な状況を招いているという。

一方、トランプは自分がしていること、考えていることを人々に把握されることを好まず、行動パターンも読ませないという。リーダーとして手の内を隠しておくべきときがある。すると、相手は不安におちいり、有利に物事を進めることができるようになる。トランプの「予測不能」はヒラリーにとっても、マスコミにとっても厄介なものとなる。

人々が一つの記事について覚えているのはたかだか一週間だ。だが、悪い記事が与える印象はずっと長く残る。

「人の噂《うわさ》も七十五日」という諺《ことわざ》がある。一年を五季節（春夏秋冬＋土用）で割って73日とすると、一つの季節が過ぎる頃には人はどんな噂も忘れるから気にする必要はない、という昔の知恵だ。インターネットの発達でこの日数はどんどん短くなりつつある。たとえどんな大ニュースであっても、それを上回るような興味深いニュースが起これば、人々の関心はあっという間にそちらに移ってしまう。

はたして人は数日前のニュースを覚えているのだろうかというほど変化のスピード

は速くなっている。一方、インターネット上には過去のすべてのニュースが残り、いつでも検索して取り出すこともできる。こちらの日数は無限であり、だからこそ「忘れられる権利」が重要なテーマともなってくる。

トランプは若くして成功しただけにネット上には山ほどのニュースがあふれている。トランプに言わせると、なかには「恥《は》ずかしげもなく嘘《うそ》をつき、ニュースを捻《ね》じ曲げてしまう」輩《やから》もいるという。長年、トランプはこうした記事は無視することにしてきたが、大統領選挙に出るとなるとそうも言っていられない。理由はこうだ。

「人々が一つの記事について覚えているのはたかだか一週間だ。特に私のようにしょっちゅうメディアに登場する人の記事は記憶されない。だが、悪い記事が与える印象はずっと長く残る」

日本の選挙でも自民党の幹部が、怖いのは「何か最近の自民党は感じ悪いね」というイメージだと話していた。一つ一つの事実以上に、「何か感じ悪いね」は強い印象を残す。トランプもかつては「記事」を無視していたが、「印象」を守るためには「反論せずにはいられない」と言う。変化の激しい時代、ニュースそのものは日々忘れ去られるが、そこで与えた「印象」はいつまでも記憶に残り続ける。「印象」こそが人や企業の評価を左右する。

我々は、毎年数十億ドルをドブに捨てているのだ。

不動産ビジネスで動くお金は莫大《ばくだい》だ。土地代にしろ建設費にしろ、何十億、何百億円というお金が動くことになる。それほど巨額のお金が動くのなら、さぞかし儲《もう》けも大きいのだろうと思われがちだが、動くお金が大きければ大きいほど、たとえば工期が延びるとか、仕様が変わるといったことが起きるとあっという間に多くのお金を失うことにもなりかねない。

そんな世界で生きてきただけにトランプは「必要なことには惜《お》しみなくお金をかける」が、「必要以上には出さない」ことを徹底している。どんなにすばらしいプロジェクトでも、そこに「妥当なコスト」がなければ意味はない。トランプの扱う金額は大きいが、そのお金は厳しく管理すべきものだった。

日本でもそうだが、アメリカでも選挙のたびにすべての政治家が「ムダの削減」を口にする。では、実行は？　トランプは言う。

「政府がそれを実行したという話を聞いたことがあるだろうか？　一度もない」

ビジネスの世界ではわずかの金でも、いかにムダにしないかが重要だが、政治の世界は違っている。トランプは言う。

「我々は、毎年数十億ドルをドブに捨てているのだ」

自分のお金なら、誰でも浪費しないように必死で考えるが、政府のお金だと誰も浪費にストップをかけようとはしない。「誰も手を付けなかったこの部分にメスを入れなければならない」というのがトランプの主張であり、それには不動産ビジネスで磨《みが》きあげたコスト感覚が役に立つと考えている。

政治家は政治的な経験はあるだろうが、常識《けつじょ》と一般社会での経験が欠如している。

なぜ「泡沫《ほうまつ》候補」と見られていたトランプがいつの間にか大統領候補になってしまったのか。その理由を「NEWSWEEK」がこう分析していた。

「今回の大統領候補指名レースでは、華麗な政治的キャリアが弱点に変わった」共和党の候補者の顔ぶれは「大統領候補に相応《ふさわ》しい資質の持ち主がずらりと並んでいた」というが、残念なことに多くの共和党支持者はこうした「プロの政治家」にほとんど関心がなかったという。

有権者の多くは、ワシントンの政界と、選挙運動で繰り返されるお決まりの公約に怒り、しばしば機能不全におちいる議会の支持率は史上最低レベルの16％（「2016.2.9の記事」より）に過ぎず、もはや「プロの政治家には飽《あ》き飽きしていた」ところに登場したのが政治経験を持たない著名な実業家トランプだった。

こうしたプロの政治家への嫌悪感《けんおかん》をトランプは巧《たく》みについていた。こう言った。

「政治家が自分が投票した貿易法案や予算配分について語っているのを聞くと、私は失笑を禁じ得ない。彼らは政治的な経験はあるだろうが、常識と一般社会での経験が欠如している」

プロの政治家が知るのは「政治の世界の常識や手法」であり、そんなものは不動産ビジネスという厳しい世界を生き抜いてきたトランプから見るとただの「お笑い種《ぐさ》」だ。外交経験がないというが、トランプには「どうやって交渉をまとめればよいか」の豊富な経験がある。むずかしいプロジェクトの進め方も知れば、コスト削減のやり方も熟知している。

いずれもが政治の世界しか知らないプロの政治家にはないものばかりだ。日本でも政治家の常識と一般社会の常識がかけ離れていることがよくあり、それが政治不信にもつながっているが、こうしたプロの政治家への不信感こそがトランプを大統領候補に押しあげることになった。ヒラリーというプロ中のプロとトランプとの戦いではたしてヒラリーの豊富すぎる経験はどう評価されるのだろうか。

昼間に労働で汗を流した人々は、夜、生活のことで冷や汗を流すべきではない。

「スクリューフレーション・ショック」という言葉がある。アメリカや日本といった国の繁栄を支えた中産階級が収入の低下や物価の上昇などによって長期的に貧困化していく現象を表した言葉だ。

トランプが支持される背景には、中産階級や、学歴がさほど高くない労働者が置かれている経済的な苦境があるという。経済的な苦境と、未来への不安が重なると問題は深刻化するし、その問題を解決してくれそうな候補者に希望を託そうとする。

こうした現象については2015年12月のあるインタビューでオバマ大統領も認めている。こう話している。

「新しい経済状況の下で、ブルーカラーの男性は特に苦労を味わってきた。かつては工場へ働きに行き、1人の給料で家族を養えたが、もはやそんなおいしい話はない。そのため潜在的な不満や恐れが渦巻《うずま》いている。トランプ氏のような人物は、それをうまく利用している」

トランプはトランプ・オーガナイゼーションで多くの社員を抱えているだけでなく、数多くの建設現場やビルの維持管理などで多くの労働者を使っている。「私は、私の従業員たちが建設現場で働くというのがどういうことかを知っている。それは世界で最も過酷《かこく》で最も危険な仕事の一つだ」と言うように、労働者の不満や不安もよく理解している。トランプは言う。

「昼間に労働で汗を流した人々は、夜、生活のことで冷や汗を流すべきではない」

苦境に立つ白人を中心に「白人労働者中心の国の復活」という夢を託す人々が、こう語るトランプを支持している。働く人たちの気持ちをとらえる力、それは他の政治家にはないトランプの強みである。

私は数十億ドルという金の価値がどんなものかを知っているが、同時に1ドルの価値についても知っている。

「NEWSWEEK」によると、トランプがアメリカ人から支持される理由の一つは億万長者でありながら、庶民感覚の持ち主と見られているからだという。

ある晩、ニューヨークのメトロポリタン美術館で開かれたおしゃれなチャリティーコンサートに招待されたトランプは、高級シャンパンを手に談笑する上流階級のエリートたちを尻目《しりめ》に、ほんの10分で会場を後にして、自宅に戻り、ポップコーンを頬張りながらテレビのフットボール中継を楽しんだという。

金持ちであり、成功した実業家でありながら上流階級のエリートを好きではない、そんなトランプに多くの人が好感を持っているという。トランプはたしかに数十億ドルのプロジェクトを推し進める実業家だが、こうしたビルやホテルを建てるために建設現場で働く人たちのこともよく知っている。

大規模なプロジェクトには巨額のお金が動くが、そこで利益を生むためには1ドルも疎《おろそ》かにできないという厳しい現実もある。トランプは言う。

「私は25セントの電話代をかけて、1万ドルの金を倹約することができなくなったら、その時は引退する」

政治家や行政にはこうした厳しいコスト感覚が抜け落ちている。「自分の金」ならもっと大切にするはずだが、「税金を使う」となるとなぜかルーズになってしまう。トランプはこう言い切っている。

「私は数十億ドルという金の価値がどんなものかを知っているが、同時に1ドルの価値についても知っている」

お金の価値を知るからこそ税金を効果的に使うことができる。苦しむ庶民に目配《めくば》りできるというのがトランプの主張である。

すべての両親はまず自問すべきだ。

「自分は彼らにとってどんな手本になっているのだろうか？」

日本でも学校における子どもたちのしつけがしばしば問題になるが、それはアメリカでも同様なようだ。トランプによると、アメリカの学校の多くは安全な場所ではないという。入り口に金属探知機を設置すれば、子どもによる武器の持ちこみは防げるが、たとえ武器は持たなくても問題を起こす子どもは教師にとって手のかかる厄介《やっかい》な存在だし、他の子どもたちにとっては貴重な学習の時間を盗む存在となる。

毒言暴言86 トランプ流「家庭でのしつけ」

こうした問題に対処するために、トランプは厳しい規則と、訓練された警備担当者が必要だが、何より大切なのは「家庭でのしつけ」と考えている。トランプは言う。「しつけに関する問題のほとんどは家庭から始まる。すべての両親はまず自問すべきだ。『自分は彼らにとってどんな手本になっているのだろうか?』」

トランプにとって父親のフレッドは「すばらしいお手本」だった。父親が不動産業者として成功するまでの苦労を間近で見て育ち、仕事のすみずみにまで目配《めくば》りをする厳しさを学んでいる。当時のことをこう話している。

「私たちは大きな家に住んでいたが、自分たちを金持ちだと考えたことはない。みな1ドルの価値を、勤労の大切さを知るように育てられた」

父親は懸命に働き、母親は5人の子どもを育てながら、料理や掃除をして、地元の病院でボランティアとして働いていた。お金にルーズな親を見て育った子どもは自分もルーズでいいと思うようになる。もちろん例外もあるが、ほとんどの子どもは親の姿を見て育ち、親が大事に思うことを大事に思うようになる。

だからこそ、親は子どもにとっての「よき手本」でなければならないというのがトランプの考え方だ。たとえば、お金の大切さや、働くことの大切さを親が教えなくて、一体誰が教えるのか。それが「家庭におけるしつけ」というものだ。

誰でも意見は持っている。が、ほとんどは取るに足らない意見だ。

トランプは他人の意見にまったく耳を傾けないほど愚《おろ》かではない。ただし、誰の意見にでも耳を傾けるわけではない。自分が尊敬している人の意見には耳を傾けるし、そこに学べることがたくさんあるとも考えている。

まわりの意見には耳を傾ける。しかし、入ってくる情報に関しては、きっちりと取捨選択をするというのがトランプの考え方だ。たとえば、批判の中で建設的な批判と有害な批判を見分けるにはどうするか。

まず第一に批判している人は誰かを知り、その批判者の意見は聞くに値するものかどうかを判断する。

第二にその批判は生かすことができるかどうかを考える。

第三にその批判を人々がお金を出して読むとすれば、自分にはそれだけの価値があるとして、「批判は自分への賛辞」と考える。

では、こうした基準に当てはまらない意見はどうするか。こう切り捨てている。

「誰でも意見は持っている。が、ほとんどは取るに足らない意見だ」

「批判をするな」と言う権利はない。何を言うかはある程度までは個人の自由といえる。ただし、その意見の中には「愚見《ぐけん》」としか言いようのないものがたくさんある。これらの愚見に関しては無視をして決して気に病《や》まないのがトランプのやり方だ。

もちろん批判をされて気分がいい人などいないが、建設的ではない愚見にまでいちいちつきあっていたら時間的にも精神的にもいいことは何もない。

「人間誰しも愚見を述べる権利はある」がトランプの割り切りだ。

挑戦する前に条件が完璧に整うのを皆が待っていたら、世の中は情けない状況になっていただろう。

世の中に革命を起こした起業家たちのほとんどは、大きなビジョン以外、何も持たないような状況でスタートを切っている。アマゾンを創業したジェフ・ベゾスは起業にあたって自分のお金以外に両親や友人たちに投資を依頼しているが、その際、インターネットビジネスの成功確率はわずか10％で、「お金を失う覚悟がなければ、自分に投資すべきではない」と正直に打ち明けている。

失敗を過度に恐れると、成功に必要なリスクをともなう決断ができなくなってしま

毒言暴言88　現実世界に完璧など存在しない

う。成功が１００％保証されているとすれば、それは挑戦ではないというのがベゾスの考え方だった。それはトランプも同様だった。もし絶対の成功が約束されているプロジェクトなら誰だって挑戦するに決まっている。

失敗のリスクがあり、問題もあるからこそやりがいがある。それを忘れ、「機が熟す」のを待っていたら、あっという間に誰かに先を越されることになる。トランプは言う。

「行動を起こす前に、１００％機が熟すのを待ってもいけない。あなたは現実主義者になる必要がある。現実世界に完璧など存在しない」

もしみんなが「機が熟す」のを待って、行動を起こさなかったら何が起きるか。トランプはこう指摘している。

「挑戦する前に条件が完璧に整うのを皆が待っていたら、世の中は情けない状況になっていただろう」

世の中にはすべての条件が整わない限り行動を起こさない人もいるが、それでは革命は起こらない。ビジネスマンでも船乗りでも、凪《なぎ》の海では腕の見せ所がないというのがトランプの考え方である。挑戦したからこそトランプは泡沫《ほうまつ》候補から大統領候補になることができた。

人生は予測不可能で、世界も予測不可能だ。

成功を手にするためにはしっかりとした目標を掲《かか》げ、緻密な計画を練《ね》り、準備を怠《おこた》らないこともたしかに必要だが、一方で人生では自分にコントロール不可能な問題が次々と起こることもある。

ＧＥの伝説のＣＥＯジャック・ウェルチが１９９１年の株主総会でこんな感想を口にしたことがある。

「90年の総会で、私たちはドイツのベルリンの壁の崩壊《ほうかい》やソビエト連邦の危機などの激動に驚いていたが、91年に起こった湾岸戦争の敵であるイラク大統領サダム・フセインの名が会話に出てくることはなかった」

ウェルチが言いたかったのは、どれほど予測し、どれほど計画を立てても、世界では思いもかけない事態が次々と起こり、こうした変化に対応しない限り企業は生き残れないということだった。トランプも同様に考えていた。

「目の前の課題に集中しているとき、気をつけなくてはならないのは、我々にコントロールできない事象が存在する、という事実だ」

たとえば戦争やテロ、自然災害などを個人の力でコントロールすることなど不可能だ。かといって避けることもできはしない。にもかかわらず、事前の計画に固執《こしつ》してしまうと、チャンスを失うどころか、大きな失敗さえ招くことになる。

トランプも不動産不況という自力だけではどうにもならないものに苦しんだが、一方でテレビ番組「ジ・アプレンティス」のような予期しなかった成功によって大きな収穫を手にすることもあった。トランプは言う。

「人生は予測不可能で、世界も予測不可能だ。たとえ目標が不変だとしても、我々自身が変化と成長をしなくていいという道理はない」

変化に目を凝《こ》らし、柔軟な対応を心がける。それが成功への道である。

タイミング、これがすべてだった。

ものの成功にはタイミングが欠かせない。どんなすばらしいアイデアも時機が早すぎて「我々は早すぎた」と失敗を悔《く》やむことがあるように、「ちょうどいい時機、ちょうどいい場所」に表れてこそ成功を手にすることができる。

トランプはビジネスにはタイミングが欠かせないと考えていた。１９２０年代に建てられたマー・アー・ラゴはトランプが手に入れた中でも自慢の建物の一つだが、その価格は建物に５００万ドル、建物内の備品に３００万ドルという驚くほどの「見切り値段」だった。

マー・アー・ラゴを所有者のポスト財団に購入したいと申し出る買い手は多かったが、なぜか契約しては破談になるの繰り返しだった。その間、トランプはオファーを出し続けたが、やがていつも不調に終わる取引に嫌気《いやけ》がさした財団がトランプのオファーを受け入れ、驚くほど安価での売買が成立することになった。

「うまいタイミングをとらえて、素早く、そして断固とした行動を取る」ことこそ成功をもたらすというのがトランプの考え方だ。危機におちいったトランプが復活へのきっかけをつかんだのも絶妙なタイミングが影響している。

1990年代初頭、トランプはトランプ・キャッスル（カジノ）の借入金元本と利息の支払いの遅延を発表した。資産価値は下落し、債務超過におちいるという厳しい状態だったが、トランプはこの危機を乗り切るために誰よりも早く金融機関との交渉に乗り出した。それは成功者トランプにとってつらい決断だったが、あと6ヵ月遅れていればすべてを失ったかもしれないという最善のタイミングだった。

結果、トランプは金融機関から最大限の譲歩《じょうほ》を引き出すことに成功したが、たしかにあと6ヵ月遅ければ、余裕を失った金融機関にトランプの要求に応える力は残っていなかった。トランプは言う。「タイミング、これがすべてだった」

トランプにとって大統領選挙への立候補表明はいわば年中行事のようなものだが、本気で臨《のぞ》んだ今回はまさに「絶好のタイミング」であり、念願通り大統領候補の座を手中に収めることになった。

特に苦労が多い日に私はよく、これは競技なんだ、くじけずに走り抜かなければと考える。

トランプは「成功者」だ。30代で不動産王としての地位を確立し、テレビ番組「ジ・アプレンティス」によってその名を全米中に知らしめ、今また大統領候補としてアメリカの頂点を目指している。成功した実業家にして大富豪、そして著名人でもある。しかし、そんなトランプも１９９０年代には「トランプは終わった」と言われ続けるほどの苦難の時代も経験している。成功と挫折《ざせつ》、そして復活というのはアメリカ人が好むストーリーでもある。

挫折も損失も人生の一部

とはいえ、若くして成功した人にとって大きな挫折は致命傷《ちめいしょう》となりやすい。トランプはどうやってこの挫折を乗り越えることができたのだろうか。トランプは言う。

「問題、挫折、ミス、損失……これらはすべて人生の一部である」

大小はあるにせよ、問題やミスはいつだって起こりうる。物事は決して計画通りに進んではくれない。かといっていちいち落ちこむのではなく、受け入れ、しっかりと対応する。トランプは破産の危機におちいったときでさえ、「克服可能な挫折」と定義することで同業者たちのように決してあきらめたり、投げ出したりすることはなかった。こう考えていた。

「一日は平等にやってくる。うまくいかないときはそう考えよう。新たな一日が新たなチャンスをもたらすこともある」

もっとも、事態が一気に好転するということは滅多にない。トランプはこう言い聞かせた。

「特に苦労が多い日に私はよく、これは競技なんだ、くじけずに走り抜かなければと考える」

どんなことでも一日一日とやっていくほかはない。一日一日をあきらめることなく走り続けた者だけが、最終的に勝利を手にすることができる。

今、いちばん大きく重要な再生活動に取り組もうとしている。米国の再生だ。

不動産ビジネスにおけるトランプの強みの一つは、古い建物をまったく新しいものへと再生させる力にある。それはちょっとした「リフォーム」や「リノベーション」とはわけが違う。

トランプのマンハッタンにおける最初の大仕事は破綻《はたん》寸前のコモドアホテルをグラ

ンドハイアットホテルに再生したことであり、隣接するグランドセントラル駅の修復もおこなうことでエリアの魅力を取り戻している。

１９６０年代に建設され、のちにＧＥが管理下においたガルフ・アンド・ウェスタン・ビルはすぐれた高層タワーだったが、「飛行機の翼《つばさ》の上に住んでいるようだ」といわれるほど風で揺れ動いた。１９９０年代半ば、トランプは建物の鉄骨だけを残して解体、トランプ・インターナショナル・ホテル・アンド・タワーとして再生させている。

不振物件を再生させることが得意なトランプが選んだのがアメリカの再生だ。大統領選挙出馬にあたってこう言った。

「私は再生プロジェクトを数え切れないほどおこなった。そして今、いちばん大きく重要な再生活動に取り組もうとしている。米国の再生だ」

今や二流国家となった米国を一流に再生させ、失われたアメリカンドリームを普通の人々の手に取り戻すというのがトランプの野望である。「本当にできるのか？」への答えはこうだ。

「私は目標の達成の仕方を知っている」

トランプにあって政治家にないもの、それは数々の再生の経験だが、その手法が「米国」というあまりに巨大な国の再生に有効かどうかがみんなの関心事である。

●参考文献（順不同）

次の書籍、雑誌、新聞を参考にさせていただき、
一部、要約引用させていただきました。厚くお礼申しあげます。

『トランプ自伝』ドナルド・トランプ、トニー・シュウォーツ著、相原真理子訳（ちくま文庫）
『金のつくり方は億万長者に聞け！』ドナルド・Ｊ・トランプ著、石原薫訳（扶桑社）
『大富豪トランプのでっかく考えて、でっかく儲けろ』ドナルド・トランプ、ビル・ザンカー著、峯村利哉訳（徳間書店）
『敗者復活』ドナルド・Ｊ・トランプ、ケイト・ボナー著、小林龍司訳（日経ＢＰ社）
『ＴＨＥ　ＴＲＵＭＰ』ドナルド・Ｊ・トランプ著、岩下慶一訳（ワニブックス）
『明日の成功者たちへ』ドナルド・トランプ著、月谷真紀訳（ＰＨＰ研究所）
『交渉の達人トランプ』ジェローム・トッチリー著、植山周一郎訳（ダイヤモンド社）
「ＮＥＷＳＷＥＥＫ」2015.9.29 2016.2.9 2016.3.29 2016.6.21
「朝日新聞 夕刊」2016.6.8

著者略歴

1956年、広島県に生まれる。経済・経営ジャーナリスト。慶應義塾大学を卒業。業界紙記者を経て、ジャーナリストとして独立。トヨタ、アップルなど幅広い取材経験から、企業のビジネススキルや人材育成などに鋭い言及を続ける。一方で、スティーブ・ジョブズなどの成功した経営者の研究をライフワークとする。

著書にはベストセラー『スティーブ・ジョブズ名語録』『日めくり スティーブ・ジョブズ』『トヨタ最強の時間術』(以上、PHP研究所)、『ウォーレン・バフェット巨富を生み出す7つの法則』(朝日新聞出版)、『ジェフ・ベゾス アマゾンをつくった仕事術』(講談社)、『1分間アドラー』(SBクリエイティブ)などがある。

トランプ 毒言暴言
私には嫌な習慣がある。私は真実を言ってしまうのだ。

二〇一六年九月一〇日 第一刷発行

著者 桑原晃弥 (くわばらてるや)

発行者 古屋信吾

発行所 株式会社 さくら舎 http://www.sakurasha.com
東京都千代田区富士見一-二-一一 〒一〇二-〇〇七一
電話 営業 〇三-五二一一-六五三三 FAX 〇三-五二一一-六四八一
編集 〇三-五二一一-六四八〇
振替 〇〇一九〇-八-四〇二〇六〇

装丁 石間淳

本文デザイン 平澤智正

カバー写真 UPI／アフロ

印刷・製本 中央精版印刷株式会社

©2016 Teruya Kuwabara Printed in Japan
ISBN978-4-86581-067-7

本書の全部または一部の複写・複製・転訳載および磁気または光記録媒体への入力等を禁じます。これらの許諾については小社までご照会ください。

落丁本・乱丁本は購入書店名を明記のうえ、小社にお送りください。送料は小社負担にてお取り替えいたします。ただし、古書店で購入されたものについてはお取り替えできません。

なお、この本についてのお問い合わせは編集部あてにお願いいたします。定価はカバーに表示してあります。